텐배거 입문

텐배거 입문

: 인생을 역전시키는 10배 주식

니시노 다다스 지음
오시연 옮김

고고한 천재 투자자
니시노 다다스

애셋매니지먼트아사쿠라 대표 **아사쿠라 케이(朝倉慶)**

"그게 정말인가? 니시노가 우리 회사로 온다고?"

하세가와 신이치의 말이 잠시 믿기지 않았다. 니시노 다다스가 우리 회사에 오고 싶어 한다는 것이다.

말도 안 되는 일이라고 생각하며 어리둥절했다. 증권 시장에서 대성공을 거두어 재산을 모은 니시노가 무엇 때문에 직장인이 되겠다는 걸까.

우리 회사 애셋매니지먼트아사쿠라는 종종 주식 종목을 소개했는데, 적중률이 높다는 평가를 받았다. '아사쿠라는 잘 맞힌다'는 평은 주식시장에 몸담은 우리에게 반가운 소리였다.

실은 우리는 비밀 네트워크를 갖고 있었다. 그게 바로 니시노였다. 우리 회사의 이사인 하세가와와 니시노는 직장인 시절부터 오랫동안 알고 지내왔고 서로 가장 신뢰하는 사이였다.

하세가와는 매일 니시노에게 전화를 걸어 시장 정보를 교환했다. 하세가와가 종목을 발굴할 때는 항상 니시노와 상의했다.

이런 오랜 교류 속에서 하세가와가 시세나 종목을 말할 때는 '역시 니시노는 대단합니다. 이 종목도 이렇게 많이 샀다고 하네요', '니시노가 쓸어 담은 이 종목의 주가를 보세요', '이 주식은 니시노가 밀고 있으니 괜찮을 겁니다'라는 식으로 항상 니시노가 중심에 등장했다.

우리는 니시노가 매수한 주식 종목과 매수 수량을 들으면서 그가 엄청난 이익을 내고 있음을 쉽게 짐작할 수 있었다.

그런 사람이 하세가와에게 우리 회사에서 일하고 싶다고 하다니, 믿기지 않았다. 왜 일을 하고 싶다는 걸까?

돈은 얼마든지 있을 텐데. 하지만 차츰 니시노의 마음을 이해할 수 있었다.

"가치 있는 일을 해서 내 힘으로 세상에 기여하고 싶습니다."

차분히 생각해보니 니시노의 심정에 공감이 갔다. 성공한 사람이기에 느끼는 고독과 공허함, 성공한 사람이면서도 사회적으로 인정받지 못하는 외로움, 이런 기분은 한때 나도 뼛속 깊이 느꼈던 감정이었다.

왜 세상은 이런 내 능력을 인정하지 않는가. 자신의 능력을 세상에 알리고 보여주고 싶다. 이런 욕구는 성공할수록 강해지는 법이다.

나도 증권사에서 큰 성공을 거두고 높은 보수를 받고 있었지만, 나라는 사람의 인지도는 그리 높지 않았다. 경제적으로 큰 어려움은 없었음에도 뭔가 부족함을 느꼈다. 다행히 나는 고(故) 후나이 유키오(舩井 幸雄) 선생에게 인정받아 리포트와 강연으로 세상에 정보를 전달할 수 있게 되었다. 그러면서 경제적인 수치로는 나타낼 수 없는 삶의 보람을 느낄 수 있었다.

돈이 없으면 돈이 갖고 싶어진다.

하지만 어느 일정한 금액 이상을 받게 되면 더 많은 돈을 얻어도 크게 감흥을 느끼지 못한다.

소득으로 행복을 측정하기는 어렵다.

일반적으로 연봉이 3,000만 엔을 넘으면 행복도가 크게 변하지 않는다는 조사 결과도 있다. 연봉 3,000만 엔은 힘들지 않게 원하는 것을 사고 좋아하는 일을 할 수 있는 연간 소득 수준이라 할 수 있다.

말하자면 이 수준을 넘으면 돈에 대한 욕구를 강하게 느끼지 않는다는 뜻이다.

그리고 성공한 사람일수록 돈이 아닌 다른 가치를 추구한다. 그것은 '진정으로 세상에 공헌하고 싶다' 혹은 '자신의 능력을 보여주고 싶다'는 욕구일 수도 있다.

보람 있는 일을 하고 싶다. 자신이 직접 투자하면 엄청난 이익을 얻을 수 있지만 그렇게 하지 않고 우리 회사에서 고객을 관리하고 고객에게 도움을 주고 싶다. 니시노의 흐뭇한 제안과 그 마음을 아플 만큼 잘 이해할 수 있었다.

니시노가 입사하기로 결정되자. 나는 하세가와와 니시노를 앞에 두고 이렇게 말했다.

"우리 회사는 자네들 두 사람이 알아서 하게."

그가 들어온 뒤 회사는 몰라보게 바뀌었다. 단기간에 상승하는 종목 적중률이 크게 높아졌다. 놀라운 확률에 고객은 매우 만족하고 있다.

우리 회사는 사장인 내 방침에 따라 야근이 전혀 없다. 증권사로써는 드물게 5시에 퇴근하지만 높은 수익을 내고 있다. 나는 증권사 직원으로 일했던 시절에도 5시 이후에는 거의 일을 하지 않았다. 그래도 항상 상위권에 들었다.

우리 분야에서 가장 중요한 것은 유망한 종목을 선정하고 시장의 미래를 정확하게 파악하는 것이다. 니시노가 합류하자 우리 회사는 점점 더 강력해졌다.

우리 회사에 오래 근무한 요시다 사오리 씨는 내게 직접 니시노주쿠(니시노학원)라는 유튜브 코너를 열어달라고 호소했다. 여러 직원이 그의 능력과 재능을 세상에 전해야 한다고 강하게 요구했다.

타이밍을 보면서 하려 했는데 작년부터 니시노가 유튜브에 등장하면서 대중들의 인지도가 높아진 것 같았다. 특히 니시노가 처음으로 유튜브에 출연해 소개한 베이스(BASE. 4477)는 10배로 상승했다.

이 책은 니시노의 모든 노하우를 담고 있다. 그의 노하우는 매우 정통적이고 사람들이 받아들이기 쉽다. 니시노의 성공적인 투자 경험을 공유하면 많은 사람이 주식투자로 이익을 낼 수 있게 될 것이다. 결코 어렵지 않다. 니시노식 매매법을 익히고 자신의 스타일에 접목한다면 여러분은 틀림없이 주식시장의 승자가 될 것이다.

2021년 어느 좋은 날

증권사의 묘한 관례

2020년 가을, 개인투자자와 증권사 관계자를 대상으로 세미나를 열었을 때의 일이다.

나는 그 모임에서 최근에 도쿄증권 마더스에 상장한 신흥 기업에 대해 이야기했다. 그중에서도 이 책에 등장하는 프리미어안티에이징, STI푸드홀딩스 등 독특한 비즈니스 모델을 자세히 소개했다. 많은 분이 관심을 보였다.

세미나가 끝난 후 우리는 참가자들로부터 설문지를 회수했다. 그런데 한 설문지에는 다음과 같은 비난 투의 코멘트가 적혀 있었다.

"같은 업종 종사자로서 변동성이 강한 마더스의 신규 상주를 초보자에게 권해서는 안 된다.

프리미어안티에이징처럼 상장한 지 얼마 안 된 기업을 소개하고 추천하는 것은 무책임한 행동이다. 실적 발표를 한 번도 안 한 종목을 추천하다니!"

바로 그 무렵 내가 소개한 프리미어안티에이징은 상장 직후 7,650엔까지 올랐다가 5,390엔까지 계속 떨어지는 중이었다.

이 코멘트를 읽은 다음에 나는 이런 사람들은 초보 주식투자자와 개인투자자를 바보라고 생각하는 것인가 하는 분노가 치밀어 올랐다.

그 코멘트는 증권사에 근무하는 이들의 일반적인 생각을 나타내고 있다. 물론 지당한 생각이라고 할 수도 있다.

그들은 어디서 굴러들어온 건지도 알 수 없는 기업 주식을 몇 년 동안 연구하고 나서 산다면 모를까 상장한 지 얼마 되지도 않았는데 어떻게 매수하냐고 생각한다.

증권사들이 내놓는 '매수 추천종목'에 신규 상장주는 거의 없다. 상장을 주관한 증권사도 협회가 상장 직후의 회사를 추천하거나 목표 주가를 설정하는 것을 금지한다고 한다. '타당한 주가를 형성하는 데 지장을 주기 때문에 신중해야 한다', '너무 성급하게 신규 상장주에 덤벼들지 마라!' 이런 경고성 목적도 있을 것이다.

하지만 신규 상장주와 마더스 종목은 위험하니 투자하지 말라며 족쇄를 채울수록 성공할 가능성은 점점 작아지는 게 아닐까? 투자의 룰은 스스로 만드는 것이다.

다른 한편으로 인기가 없는 기업이 신규 상장할 때는 싸다는 이유로 개인투자자들에게 그 종목을 추천하기도 한다. 증권사는 기업이 발행하는 유가 증권을 인수해서 일반인에게 판매하는 업무를 한다. 이를 인수 업무 또는 언더라이팅이라고 하며, 이 업무로 수수료 즉 수익을 낸다.

이처럼 자본시장에서 나름의 중요한 역할을 맡고 있고 현장에서 뛰는 영업 사원도 열심히 일한다.

하지만 그로 인해 가장 손해를 보는 주체는 항상 개인투자자들이다.

신규 상장주는 상장한 지 얼마 되지 않았으므로 그 기업의 실태를 충분히 파악하지 못했을 수 있다. 상장 후 시간이 지날수록 기업의 상황이 파악되므로 상장 전의 평가와 상장 후 회사의 실제 모습에 괴리가 생길 수 있다. 이 괴리를 메울 때 주가가 크게 상승한다.

괴리의 내용은 다양하다.

이미 존재하는 사업 모델이라고 생각했는데, 알고 보니 완전히 새로운 사업일 수도 있고, 성숙기에 들어간 사업인 줄 알았는데, 자체 기술이나 서비스를 통해 성장하는 기업일 수도 있다. 이렇게 상장 전과 상장 후 평가가 달라질 수 있다.

그 괴리를 메우러 갈 때 신규 상장주는 크게 상승한다. 이제 막 상장한 기업은 아직 충분히 탐방 조사가 이루어지지 않아서 실체가 파악되지 않는 경우가 많다. 상장 후에 기업 탐방 등이 이루어지면서 주가가 상승하는 것이다.

나는 개인투자자들이 새롭게 성장하는 기업을 잘 찾아서 크게 이익을 얻었으면 한다.

주식투자는 본래 자유로워야 한다. 자신의 룰을 지키기만 하면 된다.

모처럼의 기회를 놓치는 개인투자자

나는 증권관계자의 신중한 태도를 이해한다. 하지만 개인투자자로 14년이나 투자한 나로서는 그렇게 신중하다 못해 우유부단한 방식으로 투자하지 않는다. 모처럼의 기회를 놓치는 일을 몸소 겪었고 땅을 치며 후회했다.

실제로 지난해 마더스 시장을 주도했던 베이스처럼 상장 후 몇 달 만에 10배로 뛰어오른 종목도 있다. 증권사의 어처구니없는 자율규제 때문에 개인투자자들이 큰 기회를 놓치는 것을 이해하기 어렵다. 이게 내 솔직한 심정이다. 증권사 직원들은 변동성이 큰 신규 상장주를 매매하는 데 자신이 없을 수도 있다.

아무도 하지 않는다면 내가 직접 정리해서 고객과 독자 여러분에게 좋은 자료를 제공하면 된다. 이번에 이 책에 실린 '공모매출총액에서 본 IPO의 성공 사례'와 '신규 상장주의 해외배분비율' 표는 내 소신을 담은 귀중한 자료라고 자부한다. 게다가 이것은 상장 직후 단기 머니게임에 이용되는 종목이 아닌 기관들이 선호하는 종목들이다.

이렇게 좋은 결과가 나왔는데도 올바른 투자 방법이 아니라고 의문을 제기하는 것은 적절하지 않다고 생각한다.

증권사의 관례에 따라 상장 후 한참 지난 뒤에 추천 종목에 올려놓고 그 종목이 다 오른 다음에야 고객에게 매수하라고 한다. 그게 정말 올바른 방법일까?

신규 상장주는 상장 전까지 주식 거래가 없었으므로 상장한 직후에도 거래 물량 자체가 많지 않다. 따라서 그 시기에는 주가가 심하게 변동한다.

신흥 IPO 해외배분비율 표에 나온 종목 중에도 상장 직후 며칠 만에 20~30% 하락했다가 갑자기 상승한 종목이 있다. 재작년에 상장한 프리(Freee)와 JTOWER도 그랬고 앞서 언급한 프리미어안티에이징도 마찬가지다.

IPO 투자 직후 주가가 요동치는 것에 대해서는 어느 정도 각오가 필요하다. 이 책의 기술적 분석 편에서도 언급했듯이 상장 당시의 저가를 깨고 내려가면 일단 매도해서 현금화했다가 다시 매수 영역으로 들어왔을 때 매수하는 등 판단할 수 있어야 한다.

자신의 위치와 사명

내 경험에 비추어 볼 때 보유 주식의 주가가 설정한 저가 이하로 떨어지면 손해를 보더라도 팔고 다음 기회를 노려야 한다고 생각한다. 일단 현금으로 바꾸면 신기하게도 그동안 마음고생했던 종목이 객관적으로 보이면서 차분하게 투자 결정을 할 수 있다. 좋다고 생각하면 팔았던 위치보다 비싸도 다시 사면 된다.

여러분 중에는 사고팔고 하지 않고 주가가 폭락했을 때 관심있게 지켜봤던 종목을 매수해 장기 보유하는 분도 있을 것이다.

나는 그것도 훌륭한 투자 방법이라고 생각한다. 다른 사람의 매매법을 틀렸다고 할 생각은 없다. 이유는 자신의 성과를 올렸던 자신이 잘하는 방식으로 이익을 내면 되는 것이다.

이것도 저것도 하려고 하면 오히려 실패할 가능성이 크다.

성장주 투자에 자신이 있는 사람은 성장주가 상승할 때 승부를 한다.

가치주가 오르고 있다면 일단 성장주를 팔고 현금화한 다음 투자를 쉰다. 가치주 투자를 잘못하기 때문이다. 극단적이긴 하지만 그런 방식도 괜찮다. 1년 내내 주식투자를 해야 하는 것은 아니다. 투자를 쉬는 선택지도 있다. 먼저 자신에게 맞는 투자 방법을 찾아보자. 종목 선정 방법도 마찬가지다.

자금이 충분히 있는 사람은 대형주나 경기민감주인 가치주에 투자하는 것도 좋다. 그런 종목은 거래량이 많아서 거래하기 쉽고 배당이율이 높은 종목도 많기 때문이다.

하지만 자금 여력이 없는 개인투자자가 그런 종목을 사서 큰 자산을 만들기란 현실적으로 어렵다.

내가 지금 하는 일, 본인이 말하기에는 쑥스럽지만 '투자 판단 전문가'가 된 것은 자산이 적은 개인투자자들이 주식투자를 통해 인생을 백팔십도 바꿀 수 있기를 바라기 때문이다.

10억, 20억 엔씩 가진 사람은 배당금으로 자산을 모아도 1년 동안의 생활비를 충분히 충당할 수 있다. 하지만 자산이 없는 사람이 그런 방식으로 투자해 크게 자산을 늘리기란 어렵다.

나는 그런 사람이야말로 고성장 신흥 기업에 투자해야 한다고 생각한다.

중요한 것은 주식을 어떻게 선택하고 투자하느냐다. 상장 당일, 공모가의 몇 배로 뛰어올라 화제가 되면 그 주식을 좋은 주식으로 오인하고 덤빈다. 그랬다가 그 지점이 고점이어서 점점 떨어져 많은 돈을 잃고 나서는 역시 신규 상장주에는 투자하는 게 아니라고 후회한다.

음, 이런 투자 방법은 위험한 게 뻔하지 않은가.

'상식을 의심하자.'

초보 개인투자자는 신규 상장주에 투자하면 안 된다는 그 상식은 정말 옳은 걸까? 뒷장에 자료를 보면 알겠지만, **매년 IPO 종목 중 '텐배거'라고 불리는 10배 이상 상승하는 종목이 나온다. 3배 이상 오른 종목은 두 자릿수에 이른다. 이것이 사실(fact)이다. 이런 사실을 무시하고 외면하는 것이 과연 올바른 투자 방법일까.** 물론 신흥시장 IPO는 옥석이 섞여 있으므로 잘 구분해야 한다. 이 책이 종목의 옥석을 가려주는 필터 역할을 할 것이라고 생각한다.

오해를 무릅쓰고 말하자면, **주식투자는 실적이 좋은 종목을 맞히는 게임이 아니다. 주가가 상승하는 종목을 맞히는 게임이다.**

이점을 잘 모르는 사람들이 의외로 많다.

실적이 좋지 않으면 주가가 오르지 않을 것이다. 맞는 말이다. 하지만 실적이 좋으면 반드시 주가가 오를 것이라는 건 위험한 생각일 수도 있다. 주가가 떨어져도 실적이 좋으니까 괜찮다고 믿고 계속 버틴다. 하지만 주가는 계속 폭락한다. 또 실적이 좋다는 발표가 났는데, 주가가 오르지 않는다.

"왜 안 올라가지? 아니야, 시장이 틀린 거야. 모두 뭘 모르고 있어. 실적이 좋으니까 올라가겠지."

이런 생각이다. 물론 예외적인 변동이라고 볼 수 있다. 그러나 항상 이런 말을 하는 사람을 보면, (죄송하지만) 이 사람은 돈을 못 벌겠구나, 라는 생각이 든다.

나도 당연히 그런 경험이 있다. 나는 이럴 때 시장에 대해 겸손해지려고 노력한다. 시장에 예외는 있어도 시장은 틀리지 않는다고 생각하려 한다.

강의 흐름이 바뀌었다고 해서 강의 흐름이 틀렸다고 말하는 사람은 아무도 없을 것이다. 주가의 흐름도 마찬가지다. 잘못된 것은 시장이 아니라 나 자신이다. 이 점을 명심하자.

겸손해지자. 주가가 내 예상과 다르게 움직일 때는 겸허한 마음으로 시장을 관찰하고 차분히 매매 판단을 내려야 한다. 실적뿐만 아니라 전반적인 시장 동향과 수급 관계도 검토해야 한다. 이성적으로 지금 다시 살 때라는 판단이 선다면 그때 사면 된다. 기업의 실적이라는 기준을 맹목적으로 믿지 않는 것이 중요하다.

나는 의외로 많은 전문가, 즉 증권관계자가 기업의 실적을 너무 믿는다고 생각한다. 이렇게 말하면 실례겠지만 애널리스트나 똑똑한 사람들이 주로 그렇다. 주가가 하락했을 때 이론적으로 설명할 수 있게 준비하는 것일까.

"이번에 이런 좋은 재료가 보도될테니 주가가 오를 겁니다."

"예상 실적이 상향 조정될테니 오를 겁니다."

그들의 말대로 재료가 발표되었다. 실적도 상향 조정되었다. 그런데 주가는 꿈쩍도 하지 않는다. 당연하다. 내가 하는 뉴스는 모두가 아는 뉴스다. 내가 지금 그 주식을 사면 그다음에 내가 팔 때 누가 그 주식을 사줄까? 아무도 안 산다. 그래서 오르지 않는 것이다.

그러니 초보자라고 해서 너무 걱정하지 말자. 증권계의 상식이 주식투자에 방해가 되는 경우도 있다.

상식을 의심하고 스스로 공부해야 한다.

다양한 꿈을 가진 개인투자자들이 그 꿈을 이룰 수 있도록 돕고 싶다. 그것이 나의 위치이자 사명이라고 생각한다.

이 책을 끝까지 읽고 꿈을 이루기를 바란다.

니시노 다다스

차례

추천사 —— 5
서문 —— 10

제8장 ─ 이것이 최강의 일본 주식이다!

제 **1** 장

왜 세컨더리
투자인가

종목 선별을 위한 준비

개인적인 이야기이지만 나는 1990년 4월에 증권사에 들어갔다. 당시 일본 닛케이225지수(닛케이 평균주가)는 전년도 말 4만 엔 가까이 올랐다가 그 이후 하락세를 면하지 못하고 있었다. 일본은 디플레이션 경제에 돌입했고 '잃어버린 30년'이라 불리는 침체기가 그 뒤를 이었다. 그런 장기 하락 추세에서 증권사 영업직이 고객에게 이익을 줄 수 있는 종목을 '발굴'하기란 솔직히 쉽지 않은 일이었다.

그래서 나는 아직 초창기였던 인터넷 관련주에 주목했다. 또 참신한 비즈니스 모델이나 독자적인 기술을 보유한 기업도 눈여겨보았다.

거품경제의 여파로 침체의 늪에서 허우적거리는 대기업과 달리 이들 기업 중 상당수가 해마다 매출을 늘렸고 당연히 주가도 상승했다. 그중 상당수는 중소형 신규상장기업, 즉 IPO 종목이었다.

수억, 수십억 엔의 개인 자산을 보유한 사람이라면 배당 이율이 높은 안전한 대형주에 투자해도 충분한 수익금을 얻을 수 있다. 하지만 매달 나오는 월급과 보너스를 모아서 얼마 안 되는 종잣돈으로 주식투자를 시작해 자신의 인생을 바꾸고 싶다면, 매출이 늘어나면서 주가가 극적으로 상승하는 신흥 성장주에 투자하는 편이 리스크는 있지만 자산을 크게 늘릴 수 있지 않을까?

나는 그렇게 생각했고 여전히 그렇게 생각한다.

그런 '대박' 종목의 전형적인 예가 1997년 자스닥[1]에 상장한 야후재팬(Yahoo)[2]이다. 이 주식은 처음에 2백만 엔이면 살 수 있었다. 3년 후에 무슨 일이 일어났을까? 기억하는 사람들도 있겠지만 주당 6억 8천520만 엔까지 치솟았다. 341배가 된 것이다.

그때 신규 상장 기업이나 중소형 고성장 기업은 열 배, 스무 배 상승할 만한 힘이 있음을 깨달았다. 그 이후 신규 상장 기업 혹은 중소형 고성장 기업을 찾기 위해 열심히 노력했다.

고성장 기업에 투자하려면 먼저 기업의 사업 내용을 꼼꼼히 확인해야 한다.

분기별로 기업정보지가 발행되는데, 이를 사계보(四季報)라고 한다. 하지만 IPO 기업 정보는 분기별 보고서에 자세히 나오지 않는다. 보통은 상장하고 몇 개월 후에나 상세 내용이 기재된다. 신규 상장 기업에 대한 평가가 신속하게 알려지지 않는 이유이기도 하다.

---

1) 일본거래소그룹은 주식시장을 총 5개로 나누어 운영한다. 시장 1부와 2부, 마더스, 자스닥(JASDAQ), 도쿄 프로 마켓(Tokyo PRO Market)으로 구성되며 마더스와 자스닥은 주로 벤처기업이 상장한다.
2) 일본 소프트뱅크가 설립한 야후재팬은 2003년 10월 일본 도쿄 증시 1부에 상장시켜 성공했다. 그러나 2021년, 네이버의 일본 자회사 라인과 소프트뱅크의 자회사로 야후재팬을 운영하는 Z홀딩스의 경영통합이 이루어지면서 비상장종목으로 전환되었다.

기업공개(IPO)에 대해 알아보려면 먼저 사업 설명서를 살펴봐야 한다. 증권사에 신청해서 열람할 수도 있지만, 그보다는 그 회사의 홈페이지를 보는 것이 이해하기 쉽다. 일본 마더스에 상장하는 기업의 경우, IR에 '성장 가능서에 관한 자료'가 있으므로 그 부분을 확인하면 되며, 일반 투자자도 알기 쉽게 설명해준다. 또는 'TRADS WEB', 'FISCO' 등 중립적인 유료 정보 사이트를 이용해도 좋다. IPO 전문으로 하며, 무엇보다도 중립적이므로 신뢰할 수 있다. 나는 20년 넘게 TRADERS WEB을 이용하고 있다. IPO 정보를 얻는 데 매우 유용하고 훌륭한 도구이다.

한국의 경우에는 포털 네이버 금융 사이트에서 종목을 검색하면 그 기업의 시가총액, 주가 등의 기본적인 정보를 확인할 수 있다. 상세 내용을 알고 싶다면 홈페이지와 '기업공시'의 내용을 확인하면 된다.

다음으로 종목을 관찰할 수 있도록 관심 종목을 등록하고 그룹화한다.

IPO 기업을 보고 싶다면 IPO를 하는 날짜순으로 정리하고 움직임을 지켜보자. 나는 최근 5년간의 IPO를 등록했다.

그리고 종목을 업종별로 분류한다. 신문이나 여러 사이트의 자료를 참조하면 전기, 통신, 기계, 부동산, 금융, 서비스 등으로 나눌 수 있다. 익숙해지면 주제별로 그룹을 만들자. 예를 들면 전자 상거래(EC), 외식, 헬스케어, 클라우드 컴퓨팅(SAAS,

Software as a Service) 관련 등 자신이 좋아하는 업종이나 투자 대상인 기업이 많은 그룹을 만들어 보자.

주식투자 정보는 네이버 금융(https://finance.naver.com/) 등 무료 인터넷 사이트로도 볼 수 있다. 거래상위 종목, 업종상위, 테마상위 등 내용에 따라 상위 종목이 매일 업데이트되므로 해당 주식의 테마를 잘 모를 때 참조할 수 있다.

현재 인기 있는 테마는 전고체배터리, 재생 에너지, 해운, 반도체, 5G 등을 꼽을 수 있다. 익숙해지면 각 그룹별로 스스로 종목을 추가할 수 있게 될 것이다.

하루를 마칠 무렵, 거래대금 상위 종목과 상승률이 높았던 종목들을 점검하고 좋아 보이는 종목이 있으면 그룹에 추가해서 관찰하자. 거래대금 상위에 연일 등장하는 종목은 현재 시장의 주력 종목이라고 생각할 수 있다.

이러한 종목은 주요 지표보다 선행하는 경향이 있으므로 현재 시장의 주력 종목이 어떤 종목이고 주가의 움직임이 어떤지 살펴보는 것이 좋다. 지난 2019년 일본 증권거래소(마더스) 내 상장된 **베이스(BASE, 주식코드는 4477)**[3]는 마더스 지수에 선행하여 2020년 10월 5일 최고가(3천448엔)를 찍고 조정받고 있다. 마더스 지수 최고가는 며칠 뒤인 10월 19일이었다.

---

3) 인터넷 쇼핑몰을 개설, 결제 지원하는 기업이다. 일본판 쇼피파이라고 할 수 있다.

자신이 관심 있는 개별 종목과 덧붙여 중소형주뿐만 아니라 토픽스(Topix)와 닛케이평균지수 등 증시 전반을 살펴보는 것도 중요하다. 한국의 경우 코스피와 코스닥 지수가 이에 해당한다.

시장이 상승세로 돌아설 때는 안정감 있는 우량주부터 먼저 오르고 그 뒤에 중소형주로 자금이 유입되기 때문이다. 그러므로 중소형주나 신흥 기업에 투자할 때도 대형주의 움직임을 주시해야 한다.

대형주 종목 페이지를 만들어 경기민감주와 방어주, 가치주와 성장주의 움직임이 어떻게 되는지 항상 파악하도록 하자.

또한 국내 주식시장은 미국 시장의 동향에 크게 영향을 받기 때문에 여력이 된다면 미국 주식도 살펴보는 것이 좋다. 한국과 일본의 아침 시간은 마침 뉴욕 증시가 끝나는 때이므로 NY다우와 나스닥(NASDAQ) 지수를 확인하면 된다. 나스닥은 성장주를 대표하는 지수다. NY다우는 대형 30종목의 평균에 불과하므로 전체 움직임을 보려면 S&P500의 동향을 확인한다. 여기에 반도체와 관련된 SOX 지수도 보면 더할 나위 없이 좋다. 미국의 개별 종목은 GAFA[4] 등 주력 종목을 보고 마이크로소프트, 엔비디아, 태피스트리(Tapestry)[5] 등도 함께 봐 두면 더욱 좋다.

---

4) 가파(GAFA)는 구글(Google), 애플(Apple), 페이스북(Facebook), 아마존(Amazon)의 머리글자를 따서 부르는 용어이다.
5) 미국 피혁제품 기업(舊 코치)이다. 코치, 케이트 스페이드, 스튜워트 위츠먼 브랜드의 모기업으로 고급 액세서리와 명품가방 등을 판매한다.

또한 내가 주목하는 국내 종목과 같은 업종의 인기 종목이 미국 주식에도 있을 수 있다.

예를 들어 전자상거래 플랫폼 기업인 **베이스(BASE, 4477)**는 2006년 캐나다에서 설립된 중소규모 사업자를 대상으로 전자상거래 사이트를 구축한 쇼피파이(Shopify)와 비즈니스 모델이 비슷하다. 그런 이유로 나는 쇼피파이의 주가를 주기적으로 확인했다. 한국에서 쇼피파이와 유사한 비즈니스 모델을 가진 종목으로는 2014년 상장한 '카페24(042000)'를 꼽을 수 있다.

도쿄대와 관련된 유전자 치료 바이오 벤처기업인 **모달리스(4883)**는 핀포인트로 유전자정보(게놈)를 정밀하게 편집할 수 있는 유전자 가위(CRISPR-Cas9) 기술과 관련된 기업이다. 나는 그와 유사한 미국 기업인 크리스퍼 테라퓨틱스(CRISPR Therapeutics), 상가모(Sangamo), 빔 테라퓨틱스(Beam Therapeutics)의 주가를 눈여겨보았다. 특히 지난해 케스나인(Cas9) 개발에 참여했던 연구원 2명이 노벨화학상을 수상했다는 소식을 접한 뒤로는 유럽의 유전자정보 편집 관련 기업의 주가 동향을 주시하고 있다. 이런 방식으로 자신이 흥미가 있는 국내 기업과 유사한 해외 종목을 찾아서 관심 종목을 늘려 가면 효율적이다.

그 밖에도 국내에서 주목받는 신흥 기업과 같은 비즈니스 모델로 해외에서 훨씬 높은 성과를 거둔 유사 기업은 꽤 많이 찾을 수 있다. 특히 인터넷 관련 분야에서(클라우드를 이용해 SaaS 형

식으로 서비스를 하는 기업 등) 성공한 해외 기업과 유사한 비즈니스 모델을 가진 국내 기업이 국내시장에서 점유율 1위를 차지하고 있다면, 그 기업은 성공할 가능성이 크다.

이것은 해외에서 성공한 인터넷 비즈니스 모델을 국내 기업이 추종하는 경우가 많기 때문이다. 해외 인터넷 기업이 다른 나라의 현지화에 성공하려면 언어의 특수성 등을 극복해야 한다. 그렇기 때문에 해외 기업이 국내 진출을 주저하는 사이 국내 기업이 선수를 쳐서 먼저 시장을 선점할 수 있다. 물론 이것은 국내 기업들이 해외 시장에 진출해 성공하기 쉽지 않다는 말이기도 하다.

이런 점을 고려하면서 해외 유사 기업들의 실적과 주가 동향을 살펴보면 주가를 선행하는 경우가 많다. 주로 자신의 보유 종목과 관련성이 있는 종목에서 시작해 해외의 개별 종목을 조금씩 연구한다면 즐겁게 종목을 선별할 수 있을 것이다.

10배 주식을 찾으려면 매출 성장률을 주목하라

10배 주식을 찾으려면 고성장 기업인지에 역점을 두어야 한다. 이 책은 수급 관계와 기술적인 면에 중점을 두고 설명하겠지만, 그 기업의 펀더멘탈이 탄탄해야 한다는 전제가 깔려있다.

고성장 기업을 가려내려면 매출 증가 추세를 살펴보자.

가장 바람직한 패턴은 매출액이 매년 안정적으로 늘어나는 것이다. 그래야 실적을 예측하기 쉽기 때문이다. 그런 기업은 마음 놓고 주식을 매수할 수 있으며, 주주가 된 뒤에도 금방 팔지 않고 오랜 기간 보유할 수 있으므로 주가가 안정적인 추세를 그린다. 또 기관투자자와 같은 펀더멘탈을 중시하는 중장기 자금을 끌어들이기도 쉽다. 매출 증가율은 최소한 15% 이상, 가능하면 20% 이상이 좋다.

그러면 매출액을 기재된 표를 살펴보자. 예시를 보면 매년 20억 엔씩 매출이 늘고 있다. (20억이라는 수치 자체가 아니라 같은 금액이 늘고 있다는 것이 중요하다.) 이것은 성장 기업의 매출액이 증대하는 일반적인 형태다. 대략적이지만 연간 매출액의 증대액은 비슷한 수준으로 늘어난다. 당연히 매출액 성장률은 매년 하락하지만 이것이 보통(기준)이다. (나는 그렇게 생각한다.)

그 다음에 있는 표는 2002년 텐배거(10배 상승)를 달성한 베이스의 매출액이다.

매출액 증대를 살펴보면, 2018년의 매출액은 지난해보다 12억 엔이 늘었고, 2019년에는 14.9억 엔이 늘었다. 매출성장률은 105%에서 64%로 떨어졌지만 금액은 증대했다. 이것은 코로나가 확산되기 전의 실적이다. 베이스는 코로나로 인해 주가가 상승한 코로나 수혜주에 들어가지만 원래 놀라운 수준으로 성장하고 있

(예시)	매출액(억 엔)
2018년	100
2019년	120
2020년	140
2021년	160

+20 (+20%)
+20 (+17%)
+20 (+13%)

베이스(BASE)	매출액(백만 엔)
단17.12	1,147
단18.12	2,352
단19.12	3,849
단20.12	8,288

+1205 (+105%)
+1497 (+64%)
+4439 (+115%)

였음을 알 수 있다. 당시에는 영업이익이 적자라는 이유로 주가가 상승하지 못했지만 2020년, 매출액이 44억 엔 증가하면서 주가가 10배로 뛴 것이다.

2020년 세계를 덮친 코로나가 이 기업의 매출을 빠르게 증가시켰다. 원래 몇 년 뒤에 일어날 일을 앞으로 당겨온 덕분에 이 기업의 매출과 주가는 급상승했다.

하지만 내가 처음 베이스를 고객에게 권한 것은 코로나가 터지기 전인 상장 시기였다.

나는 이 기업이 상장했을 때(2019년 10월), 매출액의 증대율이 64%인 것을 보고도 놀랐지만, 증대액이 2018년에서 2019년으로 넘어갈 때 더욱 늘어난 것에도 한 번 더 놀랐다. 이 회사는 아직

암비스	매출액(백만 엔)
연18.9	3,100
연19.9	5,300
연20.9	9,100
연21.9(예상)	14,400

+2200 (+71%)
+3800 (+46%)
+5300 (+58%)

날이 밝기 전의 새벽과 같다고 생각했다. (물론 기업의 사업 내용
도 확인했다.) 즉 코로나가 터지지 않았고 주가가 움직이지 않았
던 시기에 매출액을 보고 이 회사의 잠재성장능력을 파악할 수
있었던 것이다.

위의 표는 암비스의 매출액이다.

암비스의 경우 (예)의 매출액 이론을 비웃듯이 매년 경이적인
매출 성장을 달성하고 있다. 2019년이 22억 엔, 2020년이 38억
엔, 2021년에는 53억 엔 매출액을 기록할 것으로 예상된다. 이렇
게 매출 성장이 큰 회사는 매우 드물다. 이에 따라 주가는 상장
이후 처음 가격보다 3.5배 올랐다.

이렇게 파격적인 매출 성장세를 보인 기업들은 내용을 꼼꼼
히 살펴봐야 한다. 겉으로 드러나지 않았지만, 화장품 제조업체
인 **프리미어안티에이징(Premier Anti-Aging, 4934)**도 상장 당시
부터 경이로운 매출 신장세를 보였기 때문에 상장 초기부터 투자
를 권유했다. 2018년 이후 매출이 어떻게 증가했는지 살펴보기

바란다.

영업이익도 중요한 지표다. 영업이익은 업종에 따라 다른 방식으로 봐야 한다.

성장주나 신흥 기업에 투자할 때도 흑자인지 아닌지를 따지는 편이다. 하지만 나는 좀 다르게 생각한다. 일반적으로는 매출과 이익을 늘려서 이익이 많이 나는 기업을 택하는 것이 보통 바람직하다.

지금은 각국 중앙은행의 저금리 정책이 이어지고 있으므로 미국의 장기금리가 다소 상승한다 해도 성장주 우위 국면은 크게 변하지 않을 것이다.

이런 투자 환경이 지속되는 동안에는 인터넷을 이용해 클라우드 서비스를 제공하는 SaaS 기업 등 고성장 기업을 볼 때 그 기업의 영업이익이 흑자냐 아니냐를 중시하지 않아도 된다.

실제로 2002년 후반기부터 SaaS 기업들이 잇날아 기업 공개를 했다.

물론 무계획성에 의한 적자는 경계해야 한다. 하지만 지금 급성장하는 SaaS 기업과 인터넷 서비스 기업은 업계 점유율을 높이기 위해 많은 광고비를 투입해 성장 속도를 높이는 전략을 취하고 있다. 주주에게 잘 보이려는 목적으로 흑자를 내기 위해 광고비를 삭감하는 것은 내가 보기에는 올바른 전략이 아니다. 다만 SaaS 기업이라 해도 흑자 전환할 시기가 불투명하다면 주가가 상승하지 않을 수 있다. 이번에 대규모 적자가 예상되는 **야플리**

(Yappli, 4168)는 연초부터 심한 조정을 받고 있으며 2기 연속 적자를 낸 **베이스(BASE, 4477)**도 마찬가지다. 기업의 성장성에 치중한 나머지 계속해서 적자를 내고 있지 않은가. 그런 관점에서 영업이익을 살펴보자.

PSR을 확인한다

사람들은 보통 PER(주가수익률) 또는 PBR(주가순자산비율)의 수치로 주가를 판단한다. 나 역시 하나의 지표로 참고는 하지만 그것을 중요한 투자 척도로 이용하진 않는다. 나는 적자를 내는 SaaS 기업과 성장기업을 살펴볼 때 PSR이라는 지표를 이용한다. 그 업종의 기업들은 흑자를 내도 PER 지표가 상당히 높게 나와서 실제로 판단하는 데 도움이 되지 않기 때문이다. PER 및 PBR과 달리 PSR은 많이 사용하지 않는 지표다.

PSR(주가매출비율)은 기업의 시가총액을 현재 회계연도의 예상 매출액으로 나눈 것으로 기업의 성장성에 주안점을 둔 투자지표다. 해당 기업이 적자여도 계산할 수 있다. (PER은 적자 기업일 경우 계산할 수 없다.)

몇 년 전까지만 해도 PSR은 일반적으로 20배 이상이면 비싸다고 판단했다. 그러나 지금 주식시장에서 인기 있는 SaaS 분야의 경우 PSR이 30배 이상, 40배 이상인 기업도 많다. 따라서 같은 업계의 다른 기업이나 비교적 유사한 비즈니스 모델을 갖고 있는 기업과 비교하여 투자할 가치가 있는지 확인하자.

수치가 높은 기업은 거품이 끼어 있다고만 판단하는 게 아니라 시장 상황에 따라 기준을 바꿀 수도 있어야 한다. 이것은 PSR뿐만 아니라 PER도 마찬가지다.

현재(2021년 3월) 도쿄증권거래소 1부의 PER은 25배이지만 불과 1년 전만 해도 14.5배 수준이었다. 매출과 성장성에 대한 기준은 영원하지 않다. PER과 PSR상의 수치를 그 자체만 따지지 말고 현재 상황을 고려하여 유연하게 비교하자.

소형 IPO 종목에서 흔히 볼 수 있는 불꽃놀이 패턴

이번에 내가 여러분에게 추천하는 것은 신규 상장한 지 얼마 안 된 주식의 가격 변동을 보면서 매매해 수익을 내는 세컨더리 투자 방식이다.

이렇게 하면 공모주라는 좁은 관문을 통과해 몇 주를 받을 수 있는지 안달하지 않아도 얼마든지 신규 상장주에 투자할 수 있다. 신규 상장주는 급등 급락을 보이는 경향이 있는데, 이를 뒤집어보면 높은 수익률을 거둘 수 있다는 뜻이다.

개인투자자 시절, 나는 중장기적으로 성장할 것이라 보이는 업종에서 참신한 비즈니스 모델이나 독자적인 기술을 보유한 기업 또는 틈새시장에서 점유율 1위인 기업, 앞으로 높이 평가받을 만한 신흥기업을 찾아내 투자하는 것이 특기였다. 그 결과 여러 번 '안타'를 칠 수 있었다.

10배 이상의 수익을 거두는 이른바 '텐배거' 종목, 즉 '만루 홈런'은 1년에 한 번 있을까 말까다. 하지만 두세 배의 수익을 내는 주식, 즉 안타를 칠 기회가 있는 종목은 얼마든지 있다.

말하자면 2루타를 목표로 하되 그 연장선상에서 홈런을 노리면 되는 것이다.

그러나 세컨더리 투자에 임할 때는 몇 가지 알아두어야 할 상식이 있다. 이 장에서는 구체적인 예를 들어 살펴보겠다.

여러분은 신규 상장주를 살 때 어떤 점을 눈여겨보는가?

물론 그 기업이 속한 업종과 기업 실적, 사업 내용이 가장 중요하겠지만 상장 규모도 주목해야 한다.

상장 규모와 시가총액은 상장 후의 주가변동 등 수급 관계를 측정하는 중요한 지표가 되기 때문이다.

여기서는 공모 규모에 따라 3개로 나누어 살펴보겠다.

- **15억 엔 미만의 공모 규모인 소형 IPO**
- **15억 엔~100억 엔 미만 공모 규모인 중형 IPO**
- **100억 엔 이상 공모 규모인 대형 IPO**

첫 번째는 총 공모액이 15억 엔 미만인 소규모 IPO 그룹이다.

공모 총액은 흔히 말하는 공개 규모를 의미한다. 공모 총액은 상장 당시 조성된 공모주와 상장 전 보유 중인 기존 주주가 매각한 매출주로 구성된다. 몇몇 IPO는 아예 공모를 하지 않는다. 이런 IPO는 기존 주주들이 상장한 뒤 주식을 팔기만 할 목적이 아닌가 추정되어서 인기가 없는 경향이 있다.

그런 기업에 투자하는 것은 조심해야 한다. IPO 당시 시중에 유통되는 주식의 총액은 '공모+매출주식수×발행가격'으로 결정되는데, 소형 IPO는 이 액수가 작다. 특히 15억 엔 이하(10억 엔 이하라면 더욱)이면 테마성이 강해서 인기가 높은 종목은 처음부터 주가가 과열 상태로 상승해서 먹고 먹히는 머니게임이 되기 쉽다.

이 그룹에 속한 종목은 실적이 낮은 기업이 많아서 옥석이 섞여 있다. 마치 화려하게 터졌다가 꺼지는 불꽃놀이의 불꽃처럼 공모가에서 시작하자마자 주가가 급등했다가 시간이 지나면서 꾸준히 하락한다. 공모총액이 15억 엔 이하인 기업은 대부분 이런 형태를 그린다고 해도 과언이 아니다.

그러나 10배주인 텐배거(대박종목)가 가장 많이 나오는 것도 이 그룹이다.

2016년과 2017년 2년간 IPO에서 텐배거에 가깝게 8배 이상 오른 종목은 7개인데, 그중 소형 IPO가 6종목이었고 중형 IPO는 1종목에 불과했다. **다음의 표에는 2016과 2017년에 IPO를 하여 상장 후 3년 이상 경과한 종목의 통계가 나와 있다. IPO 주식의**

중장기적인 움직임을 살펴보자.

텐배거 종목으로는 매출 15억 엔 이하의 소형 IPO, 특히 시가총액 100억 엔 이하의 종목이 많은 것을 알 수 있다. 참고로 공개 규모에서는 중형 IPO로 분류된 '**구시카츠 다나카**(Kushitanaka, 3547)'도 시가총액은 56.6억 엔으로 초소형 규모라 할 수 있다.

이 소형 IPO 그룹에서는 텐배거를 노릴 수 있지만 공모 당일 시초가부터 급락하는 경우도 많으므로 상장 첫날, 공모가를 사들이는 것은 상당히 위험하다.

상장 초기 거래량을 수반한 전고점을 넘어서면 매수한다

물론 공모총액이 15억 엔 미만인 회사 중에도 상장 후 그런 패턴에 빠지지 않고 쑥쑥 주가를 올려가는 종목도 존재한다.

어떤 종목일까? 하나는 시초가가 비교적 낮은 종목이다. 뛰어난 테마성을 갖고 있고 공모총액이 15억 엔 미만이라면 상장 당일 시초가가 공모가보다 높지 않은 종목은 거의 없다. 하지만 좋은 종목이지만 시초가가 공모가의 2배 정도인 상대적으로 상승률이 낮은 종목도 있다. 그런 종목을 노려야 한다.

소형 IPO(공개규모 15억 엔 이하)

종목	코드	공개규모 (억 엔)	시가총액 (억 엔)	상장당일 등락율(%)	최고상승률 (%)
세구애그룹	3968	4.1	22.9	+223.5	160
이노베이션	3970	6.3	23.6	+214	54
그레이스	6541	8.7	32.7	+130	1799
리넷J	3556	5.3	31.7	+92.9	150
일본모기지서비스	7192	8.5	46.7	+39.8	197
엘테스	3967	4.4	42.1	+263.6	54
필컴퍼니	3267	4.5	30.6	+205.3	390
기후조원	1438	5.3	16.3	+3.5	37
CAP	3965	3.7	20.4	+130	231
지팩토리	3474	8.2	41.1	+54.3	37
실버애그테크놀로지	3961	5.4	24.6	+191.3	76
체인지	3962	5.9	37.9	+149.9	3309
밸류디자인	3960	6.9	28.7	+111	18
노무라시스	3940	5.3	17	+51	436
코나믹 네트워크	3939	7.6	34.6	+188.6	243
디지털 I	3916	6.4	31.9	+88.3	382
리파인V	6531	3.2	23.4	+62.9	229
듀얼탑	3469	5.6	11.5	+127	156
Ubicom홀딩스	3937	3.1	33.1	+235.3	289
스트라이크	6196	9.0	101.1	+125.8	442
노소켄	3541	4.5	21.4	+78.1	528
호프	6195	4.3	18.8		882
글로벌웨이	3936	4.4	33.6	+372.9	17
에디아	3935	4.6	26.4	+94.1	82
HyAS&C	6192	5.1	21.8	+189.4	153
치에루	3933	4.3	14.6	+165.5	405
아그라치오 어반 디자인	3467	4.8	14.2	+102.6	100
쇼에이약품	3537	4.7	15.5	+48.2	119
후지소프트SB	6188	7.2	20	+13.4	288
요시무라홀딩스	2884	3.0	38.3	+50	815
밸류골프	3931	4.7	21.5	+151.1	19
하테나	3930	6.9	21.2	+278.1	81
2016년 IPO				119	336(152)

미닷쿠	6564	5.0	42.4	+53.85%	723
미라이 웍스	6563	4.4	21.5	230.4	129
스라라넷트	3998	5.3	24.5	+112.9	975
날리지스위트	3999	6.8	47.5	+150.5	1
이오레	2334	5.5	42.9	+169.8	4
LTS	6560	5.1	24.4	+313.2	118
일가다이닝	9266	7.1	36.7	+173.4	49
트레이드웍스	3997	5.3	22.4	+518.1	8
푸쿠	9264	4.0	12.7	+126.7	122
쿡비즈	6558	10.9	47.5	+134.6	27
사인포스트	3996	7.8	53.6	+287.7	163
C.S.목재	7808	7.3	25.7	+84	1
니즈 웰	3992	6.7	32.5	+130.5	8
원티들리	3991	1.5	45.7	+401	130
SUS	6554	9.4	48.1	+116	55
유니폼 넥스트	3566	6.4	33.8	+137.1	29
SYS홀딩스	3988	8.8	31.8	+116	3
Fringe81	6550	7.8	62.5	+133	8
에코모토	3987	5.1	17	+53.6	110
DM솔루션즈	6549	5.6	30.1	+184	29
bBreak시스템즈	3986	5.7	22.6	+361	7
아센테크	3565	9.0	30.4	+197.5	240
타비코보	6548	8.8	30.8	+173.7	48
테모나	3985	8.5	32.5	+215.6	68
No.1	3562	7.9	23.1	+120.3	167
풀테크	6546	7.7	31.2	+105	36
치카라노모토HD	3561	6.9	66.6	+271.6	142
인터넷 인피니티	6545	3.0	16.2	+281.8	175
PHYZ홀딩스	9325	7.9	30.5	+220.8	122
U&C	3557	4.8	21.5	+177.7	130
퓨전	3977	1.8	8.2	+151.9	2
닛센	6543	4.6	30.4	+87.5	1
야스에공무점	1439	7.0	15.3	+4	98
샤논	3976	2.6	20.3	+320.6	16
2017년 IPO				185%	116(70)% (6564와 3934 제외)

그러면 어느 시점에 사면 좋을까?

이것이 가장 중요하다.

소형 IPO의 경우, 첫날 매수하는 것은 리스크가 크기 때문에 일단 지켜보는 것이 좋다. 다음에 있는 2017년, 소형 IPO에 관한 표를 보면 상장 첫날 최고가를 찍은 다음 오랜 기간 조정받은 종목이 많다는 것을 알 수 있다. 신규 상장주에 투자하려면 좋은 종목을 가려내기 전에 이런 표를 통해서 어떤 리스크가 있는지 파악할 수 있어야 한다.

종목을 매수할 시점은 상장 당일 주가, 즉 전고점을 넘어설 때가 가장 좋은 기회라고 생각하자.

소형 IPO는 수급이 좋아서 상장 당일 주가가 대폭 상승한 뒤 그 반동으로 일단 조정받는 경향이 있다. 그리고 상장 직후 모두가 달려들어 거래량을 수반한 고점을 찍고 소성을 보이다가 어느 날부터인가 꾸준히 상승해 전고점을 넘어설 만한 힘을 보이기 시작하면, 그때 주가의 상승 가능성을 포착할 수 있어야 한다.

주가가 그런 움직임을 보이면 다시 한번 기업의 펀더멘탈을 확인하자. 새로운 발견을 하거나 자신만의 성장 가설을 세울 수 있다면 그때 정찰병으로 소량 매수한다. 그리고 분명하게 전고점을 넘어서면 매수량을 늘리는 방법을 추천한다.

구체적인 예를 살펴보자.

그레이스 테크놀로지(6541)는 2016년 12월 도쿄증권 마더스에

그레이스 테크놀로지(6541/T)

일봉 2016/12/21~2017/06/01 (109개) 캔들 차트

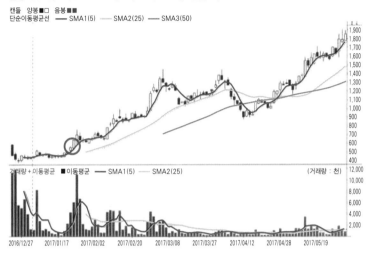

그레이스 테크놀로지(6541/T)

월봉2016/12~2021/03 (52개) 캔들 차트

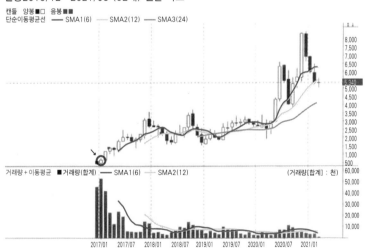

상장했다. 상장 시 공모총액은 8.7억 엔, 시가총액은 32.7억 엔인 초소형 IPO였다. 그런데 시초가는 594.2엔으로 공모가보다 130% 상승했다.

앞의 표에서 볼 수 있듯이 2016년 소형 IPO의 평균 시초가 상승률은 119%로 큰 인기를 끌지 못했다. 평균적인 수준이라고 할 수 있다.

다음 차트를 보자. 그레이스 테크놀로지의 일봉 차트를 보면 594.2엔에서 급락해 385엔까지 떨어진다. 상장 사흘째에 35%나 떨어졌다가 일단 보합세를 유지했다. 그리고 월봉 차트의 동그라미(○) 친 위치를 주목하자. 상장 직후의 거래량을 수반한 전고점을 향해 슬금슬금 올라갔다.

나는 그때 다시 한번 펀더멘탈을 눈여겨봤다. 상장 전에는 이미 성숙기에 접어든 업종인 산업용 매뉴얼 작성회사로 평가받았었다. 같은 업종 타사가 PER 10배인데 비해 그레이스의 PER은 14.9로 저평가되어 있다고 하기도 어려웠다.

하지만 실제 매출액은 1억 2,600만 엔에서 10억 엔으로 예상되었다. 아직 수준이 낮지만 37%나 매출이 증대되어 급성장할 징조가 보인 것이다. 2000년 설립되었을 때부터 매뉴얼 전자화에 적극적이었고 지금 핫한 테마인 클라우드 서비스를 운영하면서 전자화를 추진했다.

또 상장 전에 나온 '성장 가능성에 관한 설명 자료'를 읽어보니 그레이스의 전자 매뉴얼을 도입한 기업이 인쇄비와 인건비를 합쳐 연간 20억 엔을 절감하는 데 성공했음을 알았다. 나는 그레이스에 대한 세상의 평가와 진정한 모습에 괴리가 있는 게 아닌가 하는 생각이 들었다. 그리고 전고점을 넘어설 것이라고 보고 동그라미 친 위치에서 그레이스의 주식을 사들였다. 결과적으로 그레이스의 주가는 크게 상승했다. 그 뒤 8,470엔까지 상승해 17.9배로 뛰어오른 것이다.

이때 명심해야 할 점이 있다. 주가가 높은 위치에서 매수하는 것을 두려워하지 말아야 한다는 것이다. 내가 사려고 했던 위치(동그라미)는 그 당시로써는 가장 고점이었다. 이렇게 높은 곳에서 어떻게 샀냐고 생각된다면 월봉을 보자. 월봉에서는 무척 낮은 위치다. 주가가 '싼가' '비싼가'를 정하는 것은 현재 주가가 아니다. 미래의 주가다. 월봉 차트를 보고 그 점을 잘 기억해두자.

다음은 **변호사닷컴(BENGO4.COM INC, 6027)**의 예를 살펴보자.

이 기업은 2014년 12월에 1,293.3엔으로 상장했다. 변호사와 세무사의 포털사이트를 운영하는 독자적 인터넷 기업이라는 점에서 상장 첫날에는 공모가에서 215.4% 상승(3.15배)했다. PER은 256배로 상당히 높은 편이었고 상장 직후 주가는 1,373.3엔으로 고점을 찍었다.

당일 급등한 것도 한몫했는지 그 후 2년 이상 상장 직후의 최고가를 갱신하지 못하고 조정을 받았다. 2017년 6월, 2년 6개월 만에 전고점을 갱신하자 그레이스와 마찬가지로 상승 추세를 탔고, 그 후 15,880엔까지 상승했다.

주가는 12배 이상이 되었다.

인기가 있는 주식은 상장 첫날 급등하는 경향이 있다. 그래도 조정을 받은 후 상장 직후의 거래량을 수반했던 전고점을 갱신한 경우에는 앞으로도 잠재적 상승력이 크다고 판단하고 업종과 실적 펀더멘탈을 고려한 뒤 투자해도 좋다고 생각한다. 변호사닷컴의 상장 시 시가총액도 86.9억 엔(공모총액은 15.8억 엔)으로 100억 엔 이하였다.

호프(HOPE INC. 6195)도 같은 패턴이다.

호프는 지자체 전용 광고대리점이라는 독특한 업종이다. 상장 시 시가총액은 18.8억 엔, 공모총액은 4.3억 엔으로 소형주 중에서도 초소형주였다.

상장 당일에는 805엔으로 출발해 곧바로 830엔까지 급등했다. 하지만 그 후 기나긴 조정을 받았다. 그러다가 2019년 8월, 3년 2개월 만에 전고점인 830엔을 갱신했고 이듬해 7,910엔까지 급상승했다.

지방창생(지방활성화를 위한 정책) 관련주로 인기를 끌면서 실적도 크게 상승했다. 이 종목도 상장 초기의 고점을 뛰어넘은 순간 크게 상승하기 시작했다. 호프는 상장 시의 고가에서 9.8배 상승했다.

요시무라 푸드HD(Yoshimura Food Holdings, 2884)도 크게 상승했다.

요시무라 푸드는 2016년 3월, 마더스에 상장했다. 시가와 고가가 같은 264엔이었던, 마치 그림으로 그린 듯한 상황이었다. 그 후 212엔까지 조정받았지만 상장 5개월째 상장 당일의 시가였던 264엔을 넘으면서 1년 반 사이에 2,418엔까지 급상승했다.

요시무라 푸드는 식료품 등 제조판매업을 하는 그룹 회사다. M&A를 시행하며 지방에서 우수한 상품과 기술을 보유했지만 사업 승계 문제나 경영난에 힘들어하는 중소식품기업을 뒷받침할 목적으로 설립되었다.

독특한 업종이다. 공모총액은 3.0억 엔, 시가총액은 37.3억 엔으로 이 기업도 초소형기업이었다. 요시무라 푸드의 주식은 9.1배로 뛰어올랐다.

이렇게 텐배거가 된 4종목을 소개했는데, 모두 상장 초기의 전고점을 넘자마자 급상승하면서 상승 추세로 바뀌었음을 알 수 있다. 또 공모가에서 시초가의 상승률을 보면 그레이스는 130%, 체인지는 149.9%, 호프는 130%, 요시무라 푸드HD는 50%로 소형 IPO 중에서도 탁월하게 높은 것은 아니었다.

또 시가총액은 각각 32억, 38억, 19억, 38억으로 소형 IPO 중에서도 초경량급이었다. 소형 IPO는 수급이 좋아서 상장 직후에는 머니게임의 표적이 되어 시초가가 급상승하는 경향이 있다. 그러다가 시간이 지날수록 거래량이 감소하여 조정을 받는 것이 일반적이다. 하지만 과열 양상을 보였던 상장 직후의 전고점을 넘었을 때는 의미 있는 신호로 받아들이면 된다.

여기서 주의할 점을 알아두자. 아무리 좋은 종목이라고 생각해도 상장한 뒤 이게 슬슬 오르겠구나, 하고 주가의 힘을 확인하지 못한 상태에서 그 종목을 매수하는 것은 하지 않는 편이 낫다. 기약 없이 하락세를 이어가는 경우가 있기 때문이다. 자세한 내용은 제2장 '참고 버텨도 주가는 돌아오지 않는다'를 참조하도록 하자.

상장 첫날 주가 상승이 크지 않은 공모총액 15억~100억 엔 중형 IPO

앞서 언급했듯이 신규 상장을 하고 첫날부터 인기를 끄는 종목은 공모 규모가 작은 기업이 많다. 주관 증권사의 공모주 모집에 참여해 당첨되면 해당 IPO 주를 살 권리를 받는다.

그런데 뚜껑을 열어 보면 상장 당일 시초가가 공모가의 3배가 넘는 종목도 드물지 않다. 그중에는 5배 이상 오르는 것도 있다. 이런 종목에 투자하면 실적과 주가에 괴리가 있으므로 그 뒤 심하게 조정받을 가능성이 있다. 이런 종목을 첫날부터 투자하는 것은 경계해야 한다.

상장 당일에 주식을 매수한다면 공모총액이 15억~100억 엔 규모인 중형 IPO 주를 대상으로 하자. 물론 기업의 펀더멘탈을 기본적으로 확인해야 한다. 참신한 비즈니스 모델이거나 기존에 존재하지 않는 업종(유사 기업이 이미 존재하는 줄 알았지만 세세하게 분류해보니 기존에 없었던 서비스를 제공한다거나), 독자적인 기술이나 서비스를 제공하거나 틈새시장에서 점유율 1위를 차지하는 기업에 주목하자.

그런데 왜 공모총액이 15억 엔에서 시작할까? 요즈음 IPO가 활발해지면서 상장 초기 매수 가격이 예전보다 증가하고 있지만 대체로 10억 엔 안팎이었다.

그 결과 중형 IPO의 초기 가격 상승은 공모 규모가 커지면서 '억제'되는 경향을 보인다. 시가총액도 소형 IPO에 비해 큰 기업이 많아서 텐배거 주식은 적지만 두세 배 이상 상승할 확률은 매우 높다.

따라서 세컨더리 투자에 입문하기에는 최적의 카테고리라고 할 수 있다. 초보자는 이 그룹에 속한 기업을 목표로 하자.

데이터가 말해 주는 중형 IPO 종목의 강점

데이터를 봐도 중형 IPO에 대한 세컨더리 투자의 효과를 알 수 있다. (중형 IPO · 소형 IPO의 표를 참조)

2016년 중형 IPO의 평균 상승률은 285%였다. 폭발적인 상승세

중형 IPO(공개규모 15억 엔 이상 100억 엔 미만)

종목	코드	공개규모 (억 엔)	시가총액 (억 엔)	상장당일 등락율(%)	최고상승률 (%)	
나카모토팩스	7811	18.9	57.6	0.6	222	2016년 IPO
리타리코	6187	17.7	80	88	352	
UMC전자	6615	71.2	250.7	-17.3	186	
아카츠키	3932	73.2	260.0	-8	523	
아이드마MC	9466	26.5	97.3	-14.5	75	
글로벌K	6189	41.5	163.4	60	14	
에어트리	6191	20.6	96.6	48.3	340	
JMHD	3539	48.8	263.1	2.9	274	
VEGA	3542	15.5	82.4	25	326	
구시카츠다나카	3547	13.4	56.6	13.4	914	
마큐리아홀딩스	7190	15.2	64.3	-4	387	
유자베이스	3966	21.3	177.8	15.8	511	
아이모바일	6535	84.1	292.4	-6.8	48	
WASH	6537	29.4	74.6	40.8	282	
스튜디오A	3550	22	62.1	25.7	157	
인트러스트	7191	16.4	61.4	35.5	116	
커리어인덱스	6538	30.1	104.6	1.4	326	
MS재팬	6539	38	124.1	5.7	350	
후나바	6540	31.2	126.2	-7.5	17	
2016년 IPO 평균				16.0	285	19사
로콘도	3558	33.5	95.7	41.8	218	2017년 IPO
JESHD	6544	18.3	52.7	61.8	2386	
우루루	3979	44	91.5	11	83	
JSB	3480	16.6	139.9	33.7	74	
TKP	3479	35.5	286.6	74.2	292	
그린스	6547	70.8	168	8.6	28.8	
솔라시아 제약	4597	41.4	155.5	26.4	178	
오토	3983	23.8	82.8	129.4	298	
머니 포워드	3994	45.4	283.3	93.5	255	
웨이브록홀딩스	7940	45.3	83.4	-3.8	148.9	
게임위드	6552	16.2	158.4	133.8	9.1	
솔드아웃	6553	32.1	111.5	76	176.8	
쉐어링 테크놀로지	3989	22.1	92.5	86.8	167.8	
PKSHA	3993	57.2	306.7	205	128.3	
로드스타	3482	23	90.7	37.4	146.2	
웰스내비	6556	56.7	228.3	28.1	108.5	
MS&컨설팅	6555	55.7	58.4	-2.3	42.6	
실버 라이프	9262	18.7	62.7	85.2	218.7	
스키아키	3995	16.9	67.8	147	13.8	
Casa	7196	84.4	123	2.6	42.4	
마츠오카	3611	98.1	250.3	46.1	39.2	
하나투어 재팬	6561	58.6	220	10	123	
지니	6562	20.3	231.5	98	11	
씨 메디컬	3540	36.3	330	22	208	
카나메 공업	6566	38.6	114	26.6	43.1	
옵티머스 그룹	9268	33.4	95.3	11.1	54.9	
2017년 IPO 평균				57.3	221%	26사

를 보인 구시카츠 다나카를 제외한 평균 상승률은 250%이다. 반면 상장 첫날 인기 있는 소형 IPO의 2016년 평균 상승률은 336%이지만, 상승률이 큰 4종목을 제외하면 152%로 낮아진다.

텐배거 종목을 제외한 평균 상승률은 오히려 중형 IPO 쪽이 퍼포먼스가 좋은 것을 알 수 있다.

또한 공모가 대비 시초가 상승률은 2016년 소형 IPO 119%이지만 중형 IPO는 16%에 불과했다. 마찬가지로 2017년에는 소형 IPO가 185%인데 비해 중형 IPO는 57.3%로 중형 IPO의 상장 첫날 상승률은 높지 않았다. 다시 말해 상장 당시의 인기와 그 후의 상승은 별 연관성이 없는 것으로 보인다.

중형 IPO는 소형 IPO보다 상장 첫날 상승률이 낮아서 투자하기 쉬우며 그 후의 성과도 좋은 것을 알 수 있다.

대박 나는 종목은 나름의 이유가 있다

또 중형 IPO에는 2루타가 많긴 하지만 그렇다고 대박 나는 종목이 전혀 없는 것은 아니다.

2016년 상장한 비즈니스 데이터 분석 업체인 **유자베이스(UZABASE INC. 3966)**는 511%나 상승했다. 6.1배 높다. B2B 비즈니스 뉴스 서비스인 스피다(SPEEDA)와 SNS 기반의 뉴스 서비스 뉴스픽스(News Picks)를 운영한다. 직장인들에게는 잘 알려진 편이다.

과거에는 주식시장이 상승하면 대형 증권사 주식을 샀다. 하지만 지금은 일시적으로 매수세가 보일 수는 있지만 중장기적 투자 관점에서는 고려 대상으로 꼽지 않는다. 메가뱅크를 비롯한 은행주도 마찬가지다. 최근 들어 경기민감주인 가치주가 주목을 받으면서 은행주도 상승하고 있지만 일시적인 흐름이라고 생각한다. 나는 두 섹터 모두 구조적인 문제를 갖고 있다고 보기 때문에 기본적으로 투자 대상으로 생각하지 않는다.

금융섹터를 '대체할 종목'이라는 관점도 거들어 중장기적 자금이 유입된 것도 주가에 긍정적인 흐름을 만든 것은 아닐까? 따라서 앞으로 유사한 기업이 상장한다면 눈여겨봐야 할 것이다.

또 유자베이스는 상장 시의 시가총액이 이미 17억 7,800만 엔이었다. 적당히 규모가 있는 편이 기관투자자들을 끌어들이기 쉽다. 이와 같이 초소형 규모가 아니어도 성상삼재력이 있는 참신한 업종이라면 주가가 상승할 수 있다.

2017년 상장된 **재팬엘리베이터(JESHD. 6544)**도 크게 상승했다. 상장 후 3년여 만에 주가가 23.8배 올랐다.

상장 전에는 승강기 유지관리 분야의 기업으로써는 첫 번째 상장임에도 경쟁이 치열해 이익률은 낮고 구태의연한 엘리베이터 및 에스컬레이터의 유지보수 기업으로 평가받았다.

당시에는 영업이익이 감소하고 재고 부담과 부채 부담이 크다는 인상을 주었다.

하지만 막상 상장하자 첫날 61.8%가 상승하면서 놀라운 인기를 끌었다. 이럴 때는 눈여겨봐야 한다.

알려지지 않은 또 다른 평가가 주가에 작용했을 수 있기 때문이다.

재팬엘리베이터는 그 후 제조사 계열이 압도적으로 강한 엘리베이터 유지보수 업계에서 가격 전략으로 새로운 바람을 일으키는 존재로 평가받으면서 주가가 크게 상승했다.

이렇게 주가와 실제 상황 사이에 '괴리(Gap)'가 존재할 때 주가는 실제 상황에 근접하는 경향이 있다. 특히 업체들 중 처음으로 상장하는 기업은 눈여겨봐야 한다. 이미 흔히 존재하는 성숙한 사업과 비슷해 보이지만 실제로는 사업 내용이 다르거나 지나치게 틈새 사업이어서 제대로 평가받지 못한 기업은 상장 후 새로운 관점에서 평가를 받을 수 있다. IPO의 매력은 우리가 그런 기업을 찾을 수 있다는 것이다.

상장 후 재평가되어 주가가 상승한 종목

그중에는 시장에서 비인기 업종으로 평가받아 상장 당일 거의 상승하지 않는 종목도 있었다.

2020년에 상장한 **유피알(UPR. 7065)**이 이런 경우에 해당한다.

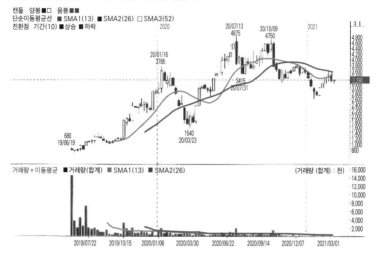

유피알(7065/T)

주봉 2019/06/12~2021/03/08 (92개) 캔들 차트

물류에 사용되는 운송 팔레트를 판매 및 렌털하는 사업이다. 공모가에서 첫날 상승률이 21%로 매우 저조했다. 간단히 말해서 인기가 없는 주식이었다.

이 회사는 상장 전의 평가와 현재의 평가 사이에 상당한 괴리가 있었다. 기껏해야 운송용 팔레트를 판매·렌털하는 회사라고 과소평가되었다. 하지만 창업 이래 유피알의 실적을 확인해보니 리먼브라더스사태 때를 제외하면 지속적으로 수익을 증대해 온 대단히 견실한 회사였다.

또한 국토교통부는 운송 시 팔레트를 사용하라는 지시를 내렸다. 다시 말해 유피알은 국가 정책과 관련이 있는 종목이다.

최근 이커머스(전자상거래)가 급증하면서 물류 운송량이 크게 늘었다. 각 가정까지 배송해야 하므로 물류업체들은 그 어느 때보다 더 큰 노력을 기울이고 있었다. 그래서 재차 검토된 것이 팔레트였다. 팔레트를 사용하면 시간과 노동력을 벌 수 있으므로 국토교통성은 팔레트 업체를 지원하게 되었다.

위와 같은 배경 때문에 유피알은 재평가를 받을 수 있었고 동사의 주가는 지난 1년 반 동안 6배 상승했다.

또 하나의 예는 공모가보다 70% 상승한 **일본 정보 크리에이트(Nihon Joho Create. 4054)**이다. 부동산 중개업자에게 소프트웨어 서비스를 제공한다.

첫날 상승률은 앞서 언급한 유피알만큼 저조하지는 않지만 70%에 그쳤다. 공모총액은 22억 엔이었다.

이 회사의 주가가 눌린 이유는 지방에 본사를 둔 일반적인 솔루션업체라고 인식했기 때문일 것이다. 하지만 일본 정보 크리에이트는 26년간 수익을 증대하며 오랫동안 안정적으로 성장해왔다. IT화에 뒤처진 부동산업계에 '임대 혁명'이라는 클라우드 서비스를 제공함으로써 매월 고정적인 수입이 발생했다. 이 수입이 전체 매출의 61%에 달하자 시장의 평가가 바뀌기 시작했다.

이 회사는 작년에 상장했고 1,105엔에 시작해 3,720엔까지 상승했다. 3개월(2020년 10월) 만에 3.3배가 되었다.

그 후 조정받고 있는데, 앞으로의 실적과 주가의 추이를 지켜볼 생각이다.

앞서 설명한 공모총액 '15억 엔 이상 100억 엔 미만'의 중형 IPO는 소형 IPO와 비교하면 공모가격으로부터 상장 첫날의 주가 상승률이 낮은 경향을 보인다. 따라서 초기 투자를 할 생각이라면 중형 IPO 그룹 중에서 선택하는 것이 좋다. 그런 뒤 우선 2루타를 노리자. 그 연장선상에 대박 종목이 존재할 수도 있지 않을까?

바겐세일 종목이 많은 대형 IPO

공모총액이 '100억 엔 이상'에 속하는 그룹은 일반적으로 인기가 없다. 대형 IPO 표에서 볼 수 있듯이 상장 당일 상승률은 2016년부터 2017년까지 평균 5.1%에 불과하다.

하지만 세컨더리 투자를 하는 관점에서 보면 이 카테고리에는 실은 '바겐세일 종목'이 상당히 많다. 실제로 표를 보면 10배 종목이 있으며, 14개 종목 중 5개 종목이 3배 이상 올랐다.

IPO라고 하면 상장 당일 주가가 5배, 10배 급등해 신기록을 세우는 종목에만 눈이 가기 쉬운데, 그 종목으로 큰 수익을 내기란 사실상 불가능하다.

앞에서 언급했듯이 공모주를 배정받지 못하면, 즉 추첨에 당첨되지 않으면 기회조차 얻지 못하기 때문이다. 수백 대 1 이상

대형 IPO(공개규모 100억 엔 이상)

종목	코드	공개규모 (억 엔)	시가총액 (억 엔)	상장당일 등락율(%)	최고상승률 (%)
바로큐 재팬	3548	275.5	710.1	-5	0
JR큐슈	9142	4160	4160	19	27
KH네오켐	4189	419.2	506	-5.3	245
베이커런트 컨설팅	6532	283.3	324.9	-6.5	1013
고메다홀딩스	3543	601.7	858.5	-4.7	28
프리미엄 그룹	7199	129.1	140.6	-4.3	144
모리로쿠홀딩스	4249	105.6	457.9	10	15
옵터런	6235	120.9	647.6	66.8	95
아루히	7198	248.6	469	-2.3	136
스시로	3563	760.8	988.5	-4.7	430
마크로밀	3978	532.8	753.1	-4.2	87
니시모토WIS	9260	202.1	681.3	-6	29
SG홀딩스	9143	1276.2	5187.2	17.2	233
카티타스	8919	377.6	644.9	1.5	311

의 경쟁률을 뚫고 주식이 배정되어도 고작 최저단위의 주식수를 받을 뿐이다. 금액으로 환산하면 몇만 엔에서 몇십만 엔에 지나지 않는다. 경제 매체는 이러한 주식들에 대해 요란하게 떠들지만 실제로 큰 관심을 가질 필요는 없다. 물론 투자 공부라는 차원에서는 관심을 두어도 된다. 하지만 자신이 투자할 대상으로써 관심을 가져서는 안 된다. 그것은 **헛수고**다.

대형 IPO의 경우 시가총액이 커서 상장 당일 주가가 크게 상승하지 못할 수 있다. 일부 종목은 공모가 이하로 떨어진다. 만일 공모주 배정을 받았어도 이익이 나지 않기 때문에 곧 관심이 사라질 것이다. 하지만 공모총액 100억 엔 이상인 대형 IPO 그룹은 여러 다양한 이유로 큰 폭으로 성장한 종목이 늘었다. 그러므로 이런 그룹의 종목이 주가가 하락했다고 해서 포기하지 말고 꾸준히 관찰하도록 하자.

지난 1년 동안에도 우리는 이 그룹에 해당하는 **JMDC(4483)**[6], **제이타워(JTOWER. 4485), 프리(freee. 4478)**[7]를 상장 당일에 사 들였다. 모두 1년도 안 되어 3배 이상 상승했다. 이 그룹의 가장 성공적인 사례는 첫머리에서도 소개한 전자상거래 플랫폼 기업 인 베이스(BASE. 4477)다.

베이스는 공모가 1,300엔이었지만 상장 첫날 1,210엔으로 공모 가가 깨졌다. 그러나 2020년 10월에는 1만 7,420엔까지 오른 지 1 년도 안 돼 14배가 되었다.

이와 같이 공모매출총액이 큰 IPO는 인기가 없어도 상장 후 놀랄 정도로 크게 주가를 상승시킬 수 있다.

따라서 이 그룹의 IPO 종목에 시간을 들여 관찰하는 것은 투 자 활동에 도움이 될 것이다. (중형 IPO 그룹도 마찬가지다.)

또 상장 시 외국인이 많이 취득하는 IPO 종목도 주목하자. 대 형 IPO에 많은데 소외되었던 종목이 상장 후 예상을 깨고 큰 폭 으로 오르는 경우가 많기 때문이다. 상장 직후에 매수하는 경우 도 마찬가지다. 이에 관해서는 제5장 '해외 배분 비율이 높은 종 목을 노려라'에서 자세히 다루겠다.

---

6) 일본의료데이터센터(JMDC). 일본 노리츠강기(鋼機)의 자회사로 의료 관련 데이터 서비스를 제공한다.
7) 일본의 스타트업 기업. 주로 클라우드 회계 서비스를 제공한다.

예금 인출 사태가 일어난 다이헤이요증권 우메다지점

나는 대학을 졸업하고 1990년 4월, 증권사에 취직했다. 일본의 거품경제가 요란하게 터진 직후였다. 다이헤이요증권(太平洋証券)[8]이라는 야마이치증권사 계열의 중간 규모 증권사에 입사했는데, 첫 부임지는 미타카지점이었다.

지금은 '살벌하다'는 느낌은 사라졌지만 그 당시에는 상당히 무미건조하고 싸늘한 나날을 보냈다.

나는 증권계에서 몸을 담으며 일본 경제가 크게 침체되는 모습을 봐야 했다.

증권사는 거품경제 붕괴 여파로 하락세를 타고 있었고 아무리 버둥거려도 거기서 빠져나올 수 없었다.

유감스럽게도 나 자신은 경험할 수 없었지만 거품이 한창일 때는 주식시장도 강세였으므로 고객과 증권사가 윈윈(Win–win) 관계를 맺었을 것이다. 그러나 거품경제가 붕괴되자 고객과 증권사는 모두 많은 돈을 잃었다. 나를 비롯한 증권사 직원들은 회사를 위해 열심히 일했지만 그게 곧 고객의 이익에 부합하진 않았던 것 같다. 그 아쉬움이 나를 지금의 회사에 들어가게 한

---

8) 1931년에 설립해 1985년 야마이치증권투자신탁판매와 합병하여 다이헤이요증권이 되었다. 2000년, 타 증권사들과 합병해 쓰바사증권(つばさ証券)으로 개칭되었다.

것인지도 모른다.

1997년 11월, 나는 다이헤이요증권 우메다지점에서 영업직으로 일하고 있었다. 당시 다이헤이요증권은 4대 증권사 중 하나인 야마이치증권의 최대 계열사였다.

어느 날 출장을 갔다. 그곳의 다이헤이요증권 노조 본부의 직원은 이렇게 귀띔해주었다.

"내일 조간신문 일면에 야마이치증권이 파산한다는 기사가 나올 겁니다. 마음의 준비를 하십시오."

실제로는 파산이 아닌 자진 폐업 신청이었다. 1997년은 야마이치증권이 설립된 지 100주년이 되는 해로 참으로 역설적인 우연의 일치라고밖에 할 수 없다.

사실 야마이치증권은 두 번째 파산이었다. 1965년에도 야마이치는 파산 직전까지 내몰렸다. 당시의 재무상인 다나카 가쿠에이가 팔을 걷어붙이고 '일본은행 특융(중앙은행인 일본은행이 무담보 무제한 특별 융자를 하는 것)'을 발동시켜서 겨우 파산을 면했다.

야마이치증권 직원 중에는 1965년의 일본은행 특융 사태를 기억하고 있어서 '이번에도 잘 넘기겠지'라고 믿은 사람이 꽤 있었던 모양이다. 두 번째 일본은행 특융 발동을 기대하며 관리지정 종목이 된 야마이치증권의 주식을 10만 주 이상 매수한 간 큰 직원도 있었다고 한다.

우리는 고객에게 전화를 걸어 '야마이치가 파산하건 다이헤이요증권이 연쇄적으로 파산하건 상관없이 고객의 자산은 법으로 보호되니까 걱정하지

마세요'라고 다독여야 했다.

다음 날 오전 7시였다. 우메다지점에 출근한 내 시야에 지점 앞에 몰려든 살기등등한 군중과 그 소란스러운 모습을 촬영하는 보도진의 모습이 들어왔다.

"야마이치가 아니라 우리 회사를 찍고 있구나."

저도 모르게 부르르 몸이 떨렸다.

전날 발매된 주간 신문 기사에서 다이헤이요증권이 다음으로 망할 증권사 1위로 지목된 것도 고객의 불안감을 키웠을 것이다.

지사 전화통에는 불이 났고 모든 전화가 통화 상태였다.

아마도 전국의 지점들이 같은 상황이었을 것이다. 우리 회사를 신뢰했던 고객들이 하나둘 증권 계좌 해지를 요구하는 상황에서 내가 관리하는 고객 중 가장 투자 규모가 큰 고객의 전화를 받았다. 전화기 너머로 이런 말이 들려왔다.

"니시노 군, 바쁘지? 아무 말도 하지 마. 안 되면 다 가져와. 그게 아니라 자네가 괜찮다고 판단한다면 그냥 둬. (바쁠 텐데) 나한테 연락할 필요 없네."

말로 표현할 수 없는 고마움에 눈물이 핑 돌았다. 고객들이 언성을 높여 모든 계좌를 해지하고 있는데, 가장 돈을 많이 맡긴 고객이 되려 나를 염려해 격려해주다니….

그때의 통화 목소리는 지금도 또렷이 기억한다.

2002년 12월, 나는 13년간 다니던 증권사를 떠났다. 퇴사할 당시 회사명은 UFJ쓰바사증권으로 바뀌어 있었다. IT 버블 붕괴 이후 주가는 더욱 하락해 10월 닛케이 평균주가는 8,000엔대에 진입했다.

그 후 고이즈미 총리 시절인 2005~2006년, 이른바 '고이즈미 버블'이 일어나고 우정 민영화가 증시에 활력을 불어넣어 2007년 7월 닛케이 평균주가를 1만 8,200엔까지 끌어올렸다.

하지만 2008년 9월, 리먼브라더스사태가 터지면서 일본 경제는 다시 디플레이션 불황으로 돌아갔다.

제2장

지지 않기 위한
손절의 중요성

투자자의 '시간 축'에 따라 다른 손절매 타이밍

손절이란 투자자가 손실 상태에서 보유하고 있는 주식을 매도하고 손실을 확정하는 것을 가리키는 증권 용어다. 로스컷, 스톱로스라고도 한다.

손절은 기본적으로 두 가지 방식이 있다.

하나는 하락률로 판단하는 것이다. 자신이 매수한 가격보다 10% 혹은 20% 하락하면 더 이상 보유하지 않고 팔겠다고 미리 결정한다. 이 경우 목표 수익률을 더 높게 설정해야 한다. 목표 수익이 5%인데 손절 기준을 −10%로 정했을 때 승률이 50%라고 하면 오히려 자산이 줄어들 수 있다. 손절 기준이 −10%라면 목표 수익은 최소한 그보다 더 높을 것이라는 확신이 있어야 한다.

또 하나는 '이동평균선'에 근거한 판단이다. 이동평균선은 일정 기간의 종가 평균치를 선으로 이은 것으로 매매 시점을 결정할 때 크게 도움이 되는 지표다.

이것은 개개인이 하는 투자의 '시간 축'에 따라 달라진다. 데이 트레이더도 있고 1주일 정도를 거래 기간으로 삼는 스윙 트레이더도 있으며, 그보다 긴 시간을 보유하며 기다리는 사람도 있기 때문이다. 시장 환경에 따라서도 다르지만 **나는 기본적으로 보유 종목이 매수 가격보다 10% 하락했거나 '25일 이동평균선[9]'을 깨**

---

9) 한국의 경우 이동평균선은 5일, 10일, 20일, 60일, 120일 등으로 설정하여 활용한다.

고 내려갈 때 손절할 것을 권한다. 또 신규상장 종목은 기본적으로 매수가에서 10% 하락하면 손절한다.

물론 예외도 있다. 예를 들어 정규 거래 시간에서는 25일 이동평균선을 깨고 내려갔지만 종가 베이스에서는 이동평균선을 지켰거나, 매수한 뒤 10% 하락했지만 종가에서 회복하는 경우가 있다. 이런 예외는 종종 일어나므로 주가 동향을 제대로 확인해야 한다.

말은 그렇게 하지만 정말 25일 이동평균선을 기준으로 딱딱 손절을 할까? 의아해하는 사람들을 위해 지금부터 실제 사례를 들어 설명하겠다.

드론 전문업체 **자율제어시스템연구소(6232)**의 차트를 보자. 2018년 12월에 상장한 후 한동안 높은 주가를 유지하는 상황이 이어지면서 우리는 차트상 ❶에서 매수하기로 결정했다. 주가가 높은 상태를 4~5일 유지해서 앞으로 주가가 더 오를 것으로 판단했기 때문이다. 기대했던 대로 주가는 빨리 올랐지만 5,000엔 부근에서 횡보했다.

우리는 더 높은 가격을 기대했지만 한 가지 미심쩍은 점이 있었다. 그건 주가가 5,400엔 부근에 도달하면 어김없이 장대음봉을 보인 것이다. 장대음봉은 시가가 높고 종가가 낮은 약세 신호 중 하나다. 장대음봉이 최고가 지점에서 나오면 '매도'를 암시한다고들 한다. 낮에는 상승해도 종가 기준으로는 주가가 떨어진

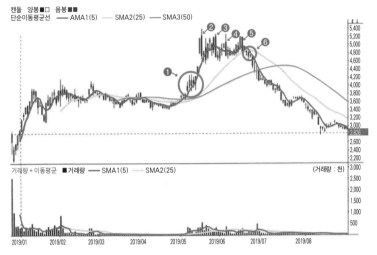

자율제어시스템연구소(6232/T)
일봉 2018/12/21~2019/08/30 (165개) 캔들 차트

캔들 양봉■□ 음봉■■
단순이동평균선 ── AMA1(5) ── SMA2(25) ── SMA3(50)

거래량+이동평균 ■거래량 ── SMA1(5) ── SMA2(25)   (거래량 : 천)

다. 게다가 하락폭이 400~500엔으로 꽤 컸다. 이런 패턴이 여러
번 반복되었다. (차트상의 ❷, ❸, ❹)

이런 현상은 5,400엔 부근에서 '매도'하려는 주체가 있다고 해
석할 수 있다. 며칠 뒤 주가가 5,400엔 부근을 상승, 이번에야말
로 신고가 갱신을 기대했지만 아니나 다를까 이번에도 장대음봉
이 나타났다. (차트상의 ❺) 그 후 우리가 매수한 지 처음으로 주
가가 25일 이동평균선을 깨기 시작했다. 점선 그래프가 25일 이
평선이다. 다음 날에는 주가가 그보다 더욱 떨어졌다. ❻의 며칠
동안 우리는 이 주식을 매도했다. 그 후 주가는 안타깝게도 기운
을 잃고 더욱 하락했다. 매수 포인트가 ❶이므로 엄밀히 말하면

손절은 아니지만 ❷~❺ 구간에 추가매수를 했기 때문에 나로서는 손절한 사례로 분류하고 있다.

손절한 종목을 재매수해도 될까

다음 예시는 법인을 대상으로 명함 관리 서비스를 제공하는 **산산(Sansan. 4443)**이다. 상장 당일 시초가는 4,760엔을 찍으면서 순조롭게 주가가 올랐지만 6,200엔 부근에 매물벽이 생기면서 좀처럼 뚫고 올라가지 못했다. 매수와 매도의 싸움이 이어지다가 머지않아 6,200엔대를 뚫고 올라가리라고 기대했다.

당시 2019년 9월은 전 세계적으로 투자심리가 악화되고 있었다. 미국 8월의 ISM 제조업지수[10]는 3개월 연속 체감경기지수가 호불황의 경계인 50이 붕괴되었고 주식시장에서도 IPO 연기가 잇따랐다. 글로벌 공유 오피스 업체인 위워크(WeWork=the We Company), 우버(UBER) 등 유니콘 기업의 평가가 곤두박질치고 당시에 기업공개를 한 종목과 신흥 기업들이 어려움을 겪던 시기였다. 일본 내 IPO 종목도 대세를 거스르지 못했고 산산의 주가도 급락했다.

---

10) 미국 실물경제의 대표적 선행지표. 미국 20개 산업의 300개 제조업체를 대상으로 조사하며 이 지수가 50 이상이면 제조업 확장을 50 이하이면 제조업 수축을 의미한다.

한 번 5일 이동평균선을 깨고 내려갔지만 낙폭이 크지 않아서 손절하지 않았다. 그런데 그 후 25일 이동평균선을 명확히 깨고 장대양봉이 연속적으로 나타났다. 우리는 매도를 결정하고 5,400~5,500엔에서 철수했다. (차트상 동그라미 친 포인트)

그 후 산산의 주가는 계속 하락해 3,000엔대까지 내려갔다. 신규 상장주는 상장 당일을 시초가보다 하락하면 하락세가 가속화되는 경향이 있다는 점을 알아두자.

다만 2021년 2월 25일에는 10,150엔까지 상승했다. 이것을 보면 인내하며 기다리기만 하면 수익을 낼 수 있다고 생각하는 사람도 있을 것이다. 그것도 일리 있는 이야기지만 신규 상장주뿐 아니라 중소형 성장주는 급락 급등폭이 크기 때문에 자칫하면 손실액이 더욱 커질 가능성도 있다.

산산은 용케도 주가가 상승해 고점을 기록했지만 그렇지 않은 경우도 많다. 나는 그 시점에서 손실을 확정한 것은 올바른 판단이었다고 생각한다. 산산이 정말로 성장할 가능성이 크다면 다시 한번 매수하면 된다.

실제로 2020년에 들어서서 산산이 다시 좋은 움직임을 보여 5,000엔대로 회복했을 때 우리는 고객들에게 매수를 권했다.

손절한 종목은 두 번 다시 사지 않는다는 원칙을 가진 사람도 있겠지만 나는 그렇게 하지 않는다. 좋은 종목이라는 판단이 다시 서면 그 종목을 다시 매수하면 된다.

산산(4443/T)

일봉 2019/06/19~2019/10/31 (91개) 캔들 차트

캔들 양봉■□ 음봉■■
단순이동평균선 ── SMA1(5) ── SMA2(25) ── SMA3(50)

거래량+이동평균 ■이동평균 ── SMA1(5) ── SMA2(25) (거래량 : 천)

산산(4443/T)

일봉 2019/06/19~2021/10/31 (419개) 캔들 차트

캔들 양봉■□ 음봉■■
단순이동평균선 ── SMA1(5) ── SMA2(25) ── SMA3(50)

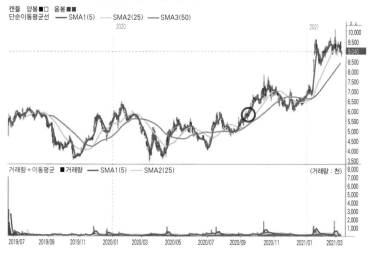

거래량+이동평균 ■거래량 ── SMA1(5) ── SMA2(25) (거래량 : 천)

두 번 손절하고 세 번 매수한 메들리

다음 예시는 업종은 정보·통신업으로 온라인 진료 등 의료플랫폼 사업을 하는 **메들리(MEDLEY. 4480)**다. 나는 2019년 12월, 이 회사 주식을 상장 당일 매수했다. 결과적으로는 성공했지만 과정은 고난의 연속이었다.

메들리의 공모가는 1,300엔이었는데, 상장 당일 1,270엔에 출발해 공모가를 깨고 말았다.

상장 당시 메들리는 '인기가 없었다.' 불과 1년 몇 개월 전만 해도 '클라우드 관련 기업'이나 '적자인 성장 기업'은 지금만큼 시장에서 가치를 인정받지 못했기 때문이다.

원래 의료분야에서의 클라우드 이용은 2010년에 허용되었다. 그럼에도 의료분야의 IT화는 더디게 진행되었다. 지금은 신형 코로나바이러스의 영향으로 의료 온라인화를 진행하고 있지만 당시에는 그런 분위기가 아니었다.

2015년 원격 의료가 허가되고, 2018년 그에 대한 보험점수가 신설되었지만 배점이 작아서 메들리의 주가를 올려줄 만한 호재로 작용하지 않았다.

한편 동일본 대지진 이후 재해 지역, 특히 도호쿠지역을 중심으로 의료진이 부족한 현상이 주목받으면서 온라인 진료의 중요성이 세간에 오르내렸다.

메들리의 홈페이지에 아베 수상(당시)이 온라인 진료를 체험하

는 사진이 올라왔고 머지않아 온라인 진료에 대한 정책적 지원을
받을 수 있으리라는 기대감도 있었다.

하지만 우려되는 점도 있었다. 지금도 그렇지만 의료업계가 온
라인 진료에 격렬하게 반대했기 때문이다.

2020년 4월에 보험점수가 인상될 것으로 예상했지만 일이 그렇
게 쉽게 풀리지 않았다.

상장 첫날 주가는 약간 올랐다가 시초가를 밑도는 1,185엔까지
떨어졌고 우리는 일단 매도했다.

그런데 상장 5일째에 갑자기 양봉이 나오면서 급등하더니 상한
가로 장을 마쳤다. (차트❶)

나는 이 종목을 선택한 것은 잘못되지 않았다고 판단하여 고
객에게 메들리를 재매수하라고 요청했다.

하지만 주가는 다시 떨어졌다.

원래 적자 기업이었으므로 시장의 평가는 높지 않았다. 시초
가를 기준 삼아 그보다 떨어졌으니 단번에 매도세가 붙을 가능
성이 있다. 주가의 움직임이 좋아지면 그때 다시 사면 된다고 생
각한 나는 두 번째 손절을 고객에게 전했다. (차트❷)

다음날 온라인 진료에 대한 뉴스가 언론에 보도되면서 메들리
의 주가는 단숨에 1,300엔대까지 상승했다. 명확하게 다시 한번
전고점을 갱신했으므로 나는 주저 없이 매수 지시를 내렸다.

실로 세 번째 매수였다. 앞장에서 말했듯이 상장 초기의 전고
점을 갱신했을 때는 의미가 있는 경우가 많기 때문이다. 나는 자

메들리(4480/T)
일봉 2019/12/12~2020/02/19 (44개) 캔들 차트

캔들 양봉■□ 음봉■■
단순이동평균선 ── AMA1(5) ── SMA2(25) ── SMA3(50)

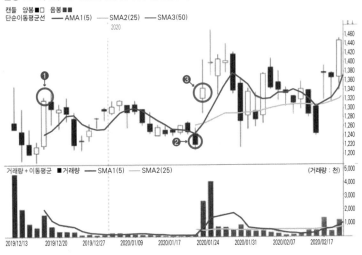

메들리(4480/T)
일봉 2019/12/12~2020/10/30 (215개) 캔들 차트

캔들 양봉■□ 음봉■■
단순이동평균선 ── SMA1(5) ── SMA2(25) ── SMA3(50)

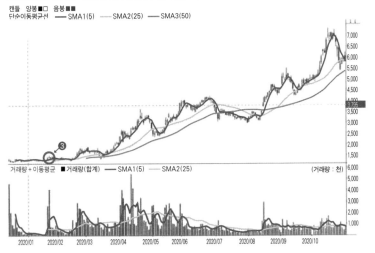

신의 규칙에 따라 매매 판단을 했다. 그 후 메들리는 대폭 상승해 8개월 후 7,370엔이 되었다. 4.6배로 뛰어오른 것이다. 결과적으로는 성공했지만 정말 애를 태운 종목이었다.

마지막에 산 것은 ❸의 위치였다. 기간이 긴 차트를 보자. 뒤로 가면 매수한 위치가 아주 낮은 자리였음을 알 수 있다. 코로나라는 순풍이 불어준 덕분에 종국에는 찾아왔을 세계가 훨씬 빨리 닥쳤기 때문이다.

메들리는 무척 다루기 힘든 종목 중 하나였다. 차트를 보면 알겠지만 상승 추세에서도 툭하면 25일 이동평균선을 깨고 내려왔다. 여기서 내가 말하고 싶은 것은 좋은 종목이라고 생각하면 손절한 뒤에도 얼마든지 다시 사면 된다는 것이다. 메들리는 그 룰을 실행해서 성공한 종목이다.

참고 버텨도 주가는 돌아오지 않는다

그렇다면 산산과 메들리도 결국에는 주가가 올랐는데 손절하지 않고 그냥 들고 있으면 되지 않았을까? 나도 그렇게 생각한 적도 있지만 손절의 중요성을 생각하면 손실을 확정하는 것이 맞다. 신규 상장주는 상장 첫날의 저가 이하로 떨어지면 줄줄 미끄러질 수 있기 때문이다.

이것도 사례를 들어서 설명하겠다. 미용기기와 건강 트레이닝

장비를 개발·판매하는 **엠티지(MTG. 7806)**를 살펴보자.

상장 당시 큰 관심을 받았던 MTG의 주식을 나는 상장 당일 7,050엔에 매수했다. 그 직후 주가는 8,000엔으로 상승했다. 상장 직후라 25일 이동평균선을 참조할 수는 없다. 상장 직후 주가가 오르면 시초가를 기준으로 판단한다.

IPO로써는 대규모 상장이었고 10% 정도밖에 오르지 않았으므로 당시 주식을 보유한 투자자가 꽤 있을 것으로 추정했다. 그러던 중 주가가 저가를 깨고 내려가자 투매에 속도가 붙었다. 우리는 동그라미 위치에서 손절했다.

지금까지 지지선 역할을 했던 7,050엔이 이번에는 저항선이 되고 말았다. 그 바람에 7,050엔 수준으로만 회복되면 매도세가 붙

MTG(7806/T)
일봉 2018/07/10~2019/04/26 (196개) 캔들 차트

는 상황이 반복되었다.

그 후 해외 관광객이 감소하고 MTG와 계약한 호날두가 고소 당하고 유명한 중국 여배우가 연락을 두절하는 등 MTG는 연이어 불운에 휘말렸다. 해외 관광객 감소로 인해 실적도 부진해 주가는 1년 만에 1,000엔대로 곤두박질쳤다.

MTG의 펀더멘탈을 정확히 파악하지 못한 탓도 있었지만, 이 경우 손절이 얼마나 중요한지 입증할 수 있었다.

무작정 버티면 반드시 주가가 돌아온다는 보장은 없다. 중소형 성장주에 투자할 때는 손실을 확정하는 손절이 특히 중요하다.

내 어리석은 과거가 여러분에게 교훈이 되었으면 한다. 특히 신규 상장주의 경우 상장 당일 시초가에서 상승했다가 그 이하로 떨어질 때는 주의해야 한다.

그럴 때는 일단 손절하는 편이 낫다.

주식투자를 생각하는 관점

미국인과 일본인은 주식투자를 매우 다르게 생각한다.

미국에서는 부모와 자녀 모두 주식투자를 당연히 하는 것으로 생각하지만 일본에서는 주식 거래를 하는 사람을 특이하게 본다. '주식을 하면 결국 손해 본다'고 단정 짓는 사람이 훨씬 많은 듯하다.

나는 이런 인식이 바뀌어야 한다고 생각한다.

일본은 자본주의 사회인데도 '주식은 도박이다. 주식 같은 건 절대 안 한다'고 말하는 사람이 꽤 많다. 상장기업에 근무하는 직원들조차 거리낌 없이 그렇게 말한다. 그러나 상장기업은 주식시장에서 조달한 돈으로 운영된다. 그런데도 주식투자를 부정적으로 말하는 것은 사회 구성원으로서 공부가 부족한 게 아닐까? 내가 속한 업종의 내용만 알면 된다고 생각하는 것일까? 이것은 지나치게 좁은 시야다.

일본에서도 2022년 4월부터 고등학교 수업에서 투자를 다룬다고 한다. 매우 고무적인 일이다. 주식투자를 하고 안 하고는 본인의 자유다. 하지만 투자가 어떤 것이고 어떻게 시작하면 되는지 가르쳐 줄 필요는 있지 않을까?

"주가가 오르든 내리든 저하고는 상관없습니다."

이렇게 큰소리치는 사람에게는 "아니, 아니, 당신의 연금은 주식으로 운용되고 있거든요?"라고 장난스럽게 되받아주고 싶다.

변모한 증권사 직원들의 업무

지금 고객의 주식 거래를 관리해주는 증권사는 정말 드물 것이다. 그보다는 투자신탁이나 구조화 채권(structured bonds)[11] 등 주식 외의 금융상품을 판매하는 데 힘을 쏟는다. 예전처럼 주식 매매 수수료로 수익을 내는 것은 시대에 뒤떨어졌다는 인식이다.

그런 인식은 내가 증권사에서 나왔던 2002년에도 이미 퍼져가고 있었다. 대형증권사일수록 '주식 매매를 하니 외근을 해서 고객 예금을 끌어와라. 투자신탁을 모아라'고 지시했을 것이다.

지역사회 입지가 상당히 탄탄한 증권사라면 그나마 낫지만 그런 증권사도 인터넷 증권의 기세에 압도되어 거의 살아남지 못하고 있다.

티(T)증권 등은 아직 남아 있지만 솔직히 꼭 있어야 할 필요성을 잘 모르겠다. 예전 같으면 티(T)증권사만 갖고 있는 특별한 주식 정보가 있었다고 들었다. 또 아이(I)증권은 중소형주 정보에 특화되어 있다는 평을 받았다. 그러나 지금은 누구나 인터넷을 통해 무엇이든 알 수 있는 시대다.

개인투자자도 '증권사 영업사원이 하는 말을 믿으면 안 된다'는 인식을 갖고 있지 않을까? 요즘 개인투자자들은 인터넷 증권을 이용하므로 대부분 중립적 입장의 정보기관에서 정보를 얻는다. 또 SNS와 인터넷으로 무료 정보를 찾을 수도 있다.

---

11) 일반적인 채권과 파생상품이 결합된 형태의 채권을 말한다. 국내에서는 주가연계상품을 ELS로 통칭하며 주가연계 이외의 파생상품을 DLS라 부른다.

예를 들어 지금은 사용하지 않지만 나는 개인투자자 시절에 피스코의 정보를 사용한 적도 있었다. 당시 다양한 정보가 있었다.

최근에는 트위터 등으로 인기 있는 개인투자자와 협업해서 정보를 발송하기도 한다고 한다.

나는 투자신탁이나 채권을 사고 싶어 하는 고객에게는 증권사를 방문하라고 조언한다. 나는 주식에 특화해 고객에게 이익을 주고 자산을 불려서 그 사람의 꿈을 이루는 데 일조하고 싶다.

주식 외의 투자를 한다면 나보다는 증권사가 더 좋을 것이다.

제**3**장

차트의 마법에
속지 마라!
매수 판단 기법

최신 기업공개(IPO) 종목을 살 준비 실적 발표에 주목하자

제3장에서는 주식을 매수하는 방법을 살펴보겠다.

최근에 기업공개를 한 종목을 살 때는 실적 발표에 주목하자.

이후에 설명하는 베이스(BASE)가 상장한 뒤 매수한 이유는 실적 발표였다. 프리미어안티에이징, 암비스, 유피알(UPR)도 실적 발표를 계기로 급등하기 시작했다.

상장하고 얼마 되지 않은 IPO 종목은 아직 실적 발표가 나지 않은 만큼 상장 후 첫 실적 발표에 각별히 신경써야 한다. 실적이 좋으면 다음 날 주가가 크게 오르더라도 매수를 고려해봐야 하는데 다음 날 상승은 일시적일 수도 있다. 그런 일이 신규 상장주에는 흔하다. 이것에 관해서는 뒤에 자세하게 다루겠다.

이 주식은 비싸서 못 사겠다는 발상을 버리자

여기서는 **베이스(BASE. 4477)**을 예로 들어 내 방식대로 차트를 보는 법을 살펴보겠다. 이것은 베이스의 일봉 차트인데, 2020년 5월에 주가가 2,000엔대까지 상승하며 고점을 갱신했다.

나는 4월 중순에 주가가 하락 추세선의 상단으로 올라와 하락세가 주춤한 것을 보고 ❶에서 매수 판단을 내렸다. 그리고 하락

베이스(4477/T)

일봉 2019/10/25~2020/05/15 (133개) 캔들 차트

BASE(4477/T)

일봉 2019/10/25~2019/10/30 (248개) 캔들 차트

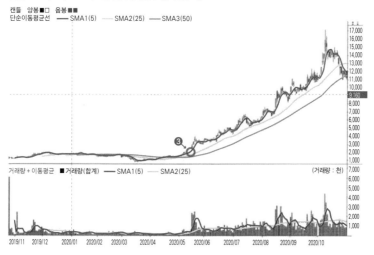

추세선의 상단을 확실하게 뚫고 올라간 ❷의 위치에서 주가 상승을 확신했다.

　내 고객은 내 방식을 믿어주었으므로 아무 말이 없었지만, 증권관계자를 비롯한 지인들은 "아무리 좋은 종목이어도 그렇지 그렇게 높은 위치에서 어떻게 살 수 있냐"고 의문을 나타냈다. "좀더 주가가 쌀 때 알려 달라." 그런 요청도 있었다. 지금까지 설명해왔듯이 상승 추세가 확실해진 종목을 사는 것이 내 투자기법이다. 물론 이 종목의 일봉 차트를 보면 25일 이동평균선에서 50% 정도 떨어져 있으니 너무 올랐다고 볼 수도 있다.

　하지만 텐배거 종목은 첫 상승이 빠르고 크게 움직이는 경우가 종종 있다. 또 5월 15일 발표한 결산설명회 자료를 보고 '이 회사는 무섭게 성장하겠구나'라고 확신했다. 1~3월기의 실적 발표이므로 숫자로 나타나진 않았지만 설명회 자료를 보면 4월 신규 점포 개설 수가 앞 자릿수가 바뀔 정도로 증가했다. 상품판매액(GMV)의 추이도 전월인 3월에 비해 두 배 이상 늘었다. 전년 동월 대비 190% 증가였다. 기술적 분석으로도 기업의 펀더멘탈로도 매수할 자리라는 결론을 내렸다. 이런 때 통상적인 기술적 분석에 집착하면 큰 이익을 놓칠 수 있다. '갈 데까지 가겠지. 주가가 떨어지면 그때 생각하자.' 나는 그렇게 결심했다.

　베이스를 매수하는 방식도 기본적으로는 신규 상장주이므로 앞서 말한 텐배거 IPO 종목 매수법을 적용했다.

　매수를 확신한 ❷의 위치는 상장 지구의 고점인 1,950엔을 분명히 넘어선 자리다.

그 후 베이스의 주가는 어떻게 되었을까? 최고점에서는 1만 7,240엔대까지 상승했다. 예전에 많은 분이 '너무 비싸서 못 사겠다'고 한 것은 2,000엔대였다. 5월 15일까지의 차트를 보면 물론 높아 보인다. 그러나 10월 30일까지의 차트를 보면 그렇게 높아 보였던 2,000엔대의 위치는 ❸에 지나지 않는다. 이것이 내가 말하는 차트의 마법이다. "그렇게 높은 자리에서 어떻게 사냐." 이런 말을 종종 듣지만 그 종목의 주가가 싼지 비싼지 정하는 것은 현재 주가가 아니라 '미래의' 주가다. 그 점을 잘 기억해두자.

단순히 '이 주식은 비싸서 못 사겠어'라는 생각은 바꾸는 것이 좋다.

다음 종목은 **암비스홀딩스(Amvis Holdings Inc. 7071)**다. 만성기·종말기의 간호 호스피스 시설 '의심관(医心館)'을 운영하는 회사다. 이 종목도 상장 후 하락했다가 2020년 11월 12일 장 마감 뒤에 양호한 실적 발표가 나오면서 급격히 뛰었다.

일봉 차트를 보면 암비스의 주가는 매우 높아 보인다. 그런데 정말 그럴까?

그러면 암비스의 주봉 차트를 살펴보자. 사실 이 회사는 2019년에 상장했을 때 인기가 좋아서 약 4,300엔까지 올랐다. 이후 하락세로 돌아서면서 저항선 역할을 했던 곳이 이번 실적 발표를 기회로 그 지점까지 올라섰다.

암비스홀딩스(7071/T)
일봉 2020/04/14~2020/11/30 (154개) 캔들 차트

캔들 양봉■□ 음봉■■
단순이동평균선 —— SMA1(5) —— SMA2(25) —— SMA3(50)

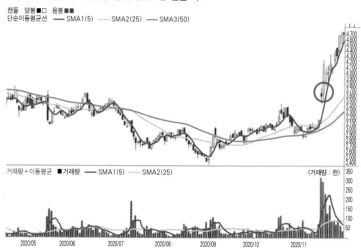

거래량+이동평균 ■거래량 —— SMA1(5) —— SMA2(25) (거래량 : 천)

암비스홀딩스(7071/T)
주봉 2019/10/09~2021/03/08 (75개) 캔들 차트

캔들 양봉■□ 음봉■■
단순이동평균선 ■ SMA1(13) ■ SMA2(26) □ SMA3(52)
전환점 기간(10) ■상승 ■하락

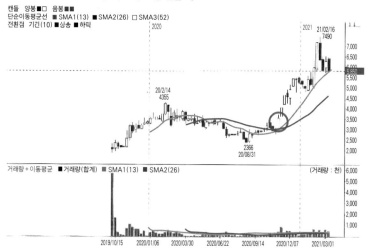

거래량+이동평균 ■거래량(합계) ■ SMA1(13) ■ SMA2(26) (거래량 : 천)

86

일봉 차트만 보면 암비스의 주가는 매우 높은 수준이지만 다른 중장기 차트로 보면 상장 이후 최고 수준은 아니다. 이것을 목표로 할 수 있을까. 그 판단을 내리는 것은 별개이지만 주봉 차트상으로는 그렇게 높은 위치에 있는 것은 아님을 알 수 있다. 물론 주봉이 아닌 월봉으로 확인해도 된다.

이렇게 다양한 각도에서 종목 주가를 확인하고 현 주가의 위치를 살펴볼 것을 권한다.

이번에는 더욱 하락한 종목의 사례를 보자. 이것은 **동일본여객철도(9020)**의 일봉 차트다. 오랫동안 탄탄하게 1만 엔 전후를 유지했던 주가가 점점 하락하더니 작년 11월 중반에는 6,000엔대

동일본여객철도(9020/T)
일봉 2020/02/03~2020/11/30 (202개) 캔들 차트
캔들 양봉■□ 음봉■■
단순이동평균선 —— AMA1(5) —— SMA2(25) —— SMA3(50)

7000엔

5400엔

거래량+이동평균 ■거래량 —SMA1(5) —SMA2(25) (거래량 : 천)

2020/03 2020/04 2020/05 2020/06 2020/07 2020/08 2020/09 2020/10 2020/11

까지 떨어졌다.

이 정도면 싸다는 느낌이 든다.

일봉 차트를 봐도 그렇게 생각해서 그때 매수한 사람도 있을 것이다.

그러나 그 뒤 어떻게 되었을까? 5,600엔을 깨고 추가 하락했다. 단기 트레이드로 이 종목을 샀다면 주가가 회복된 뒤에 팔면 된다. 하지만 이것도 나중에야 말할 수 있는 일이다. 만약 팔지 않고 버텼다면 이 종목의 손실은 더욱 커졌을 것이다. (동일본여객철도의 주가는 3월 1일 7,800엔)

이런 '낙폭과대 종목을 매수했다면' 재빨리 매도하는 것이 정답이다. 그런 뒤 다시 생각하면 된다. 이 종목은 일단 7,000엔까지 반등했지만 12월 15일, 급거 결정한 'GoTo트래블' 전면 중단이 주가에 적지 않은 영향을 미쳤을 것이다.

아무튼 단순히 차트상에서 자신이 보는 범위 내에서 가장 주가가 낮으니까 '매수하자'라거나 '팔 수 없다'는 식으로 생각하지 않도록 하자.

그것은 차트의 마법이기 때문이다.

동일본여객철도의 주가가 약 7,000엔이 되었을 때 '이렇게 주가가 낮은데 아직 팔 수는 없어'라며 보유한 사람은 그 주식을 손절한 게 낫지 않았을까? 그런 뒤 다른 대형주로 갈아탔다면 추가로 6,000엔대, 5,000엔대로 질질 떨어지는 것을 보지 않고 끝났을 것이다. (참고로 2021년 4월 5일의 주가는 7,841엔이다.)

상승률로 매수 판단을 한다

다음은 **오리엔탈 랜드(4661)**와 **마츠야 R&D(Matsuya R&D. 7317)**를 통해 차트의 마법을 다른 관점에서 살펴보자. 오리엔탈 랜드는 도쿄증권 1부에 상장된 대형주이고 마츠야는 의료용 봉합 장비 등을 다루는 기업이다. 도쿄증권 마더스에 상장해 연 매출이 80억 엔 정도인 소형주다. 둘 다 2020년 11월 12일 당시에 신고가를 찍었다.

내가 매수 포인트로 적용하는 가장 최근의 25일 이동평균선의 눌림목에서 오리엔탈 랜드를 샀다고 가정하면 1만 4,800엔에서 1만 7,200엔으로 12% 상승했다.

마츠야 R&D의 경우 25일 이동평균선의 눌림목에서 샀다면 3,400엔에서 5,200엔으로 53% 상승한다.

두 차트 모두 괜찮은 차트이기 때문에 '매수'라고 판단할 수 있는데, 개인투자자인 여러분이 투자할 경우에는 같은 차트를 보고 투자해도 각기 목표 상승률이 다를 수 있다는 점을 알아야 한다. 같은 차트의 위치까지 올라왔을 경우 각각 어느 정도의 상승률이 되는지 파악해 둬야 한다.

오리엔탈 랜드는 그 자리까지 올라오면 12% 상승인데, 내가 이 12%로 만족할 수 있을까? 마츠야 R&D는 차트의 이 위치까지 올라오면 50%의 상승이 된다고 판단했을 때, '둘 다 사고 싶지만 목표 주가까지 상승했을 경우 마츠야 R&D가 크게 이익을 얻을

오리엔탈 랜드(4661/T)
일봉 2020/04/06~2020/11/12 (149개) 캔들 차트

캔들 양봉■□ 음봉■■
단순이동평균선 —— AMA1(5) —— SMA2(25) —— SMA3(50)

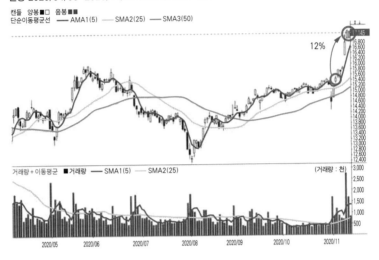

마츠야 R&D(7317/T)
일봉 2020/04/06~2020/11/12 (149개) 캔들 차트

캔들 양봉■□ 음봉■■
단순이통평균신 —— SMA1(5) —— 3MA2(25) —— SMA3(50)

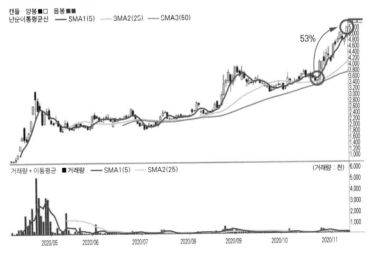

테니 마츠야의 비중을 더 늘리자'라고 판단하면 된다.

좋은 차트를 찾았을 때는 차트상 이 정도까지 올라간다면 상승률이 얼마나 되는지, 내가 그 수익률로 만족할 수 있는지를 차트에 현혹되지 말고 찬찬히 따져봐야 한다.

ESG 투자의 의미

여러분은 ESG 투자를 알고 있는가? 간단히 말해서 전통적인 재무 정보뿐만 아니라 환경(Environment), 사회(Social), 지배구조(Governance) 요소를 고려한 투자를 의미한다.

유엔도 이러한 투자 원칙을 지지한다. 일본에서는 2015년 GPIF(연금 적립금 관리 운용 독립 행정 법인)가 유엔 책임 투자 원칙(PRI : Principles for Responsible Investment)의 취지에 찬성하고 서명했다.

이후 일본의 기관투자자들 사이에서도 ESG 투자에 대한 인지도가 높아졌다.

향후 기업이 장기적인 성장을 이루기 위해서는 이 세 가지 요소가 필수적이다. 이러한 요소를 중요하게 여기지 않는 기업은 실적상으로도 리스크를 갖게 된다. 그리고 재무제표만으로 기업을 평가하는 것은 위험하다는 인식이 강해지면서 한창 화제가 되고 있다.

예를 들어 무기, 담배, 술, 원자력 발전, 화석 연료, 포르노와 같은 카테고리에 속하는 기업을 투자 대상에서 제외하는 움직임이 일어나고 있다.

또한 아동노동, 강제노동을 강요하는 이른바 블랙 기업도 투자 대상에서 배제하는 것이 올바른 투자라는 공감대가 형성되었다.

어떻게 생각하면 당연한 움직임이다. 앞으로 기업은 지구 환경을 고려하고 모두가 평화롭게 일할 수 있는 환경을 조성하는 것을 중요시해야 한다. 이런 기업들이 시장에서 높게 평가받아야 하고 수익이 증가할 것이라는 생각이 전 세계적으로 점차 자리를 잡아가고 있다.

기업 평가의 또 다른 요소는 성별, 나이, 종교 등의 차이를 채용 결정에 적용해서는 안 된다는 것이다. 여러 다양한 생각을 하는 사람들을 고용하는 것이 더 다양한 아이디어와 기술을 만들고 그 결과 수익을 증대할 수 있기 때문이다.

개인적으로는 사회적으로 의미 있는 기업이다. 예를 들어 일본의 고령화 사회에 대응하는 기업, 여성 경영자와 여성 임원이 많은 기업 또는 장애인을 많이 고용하는 기업 등을 투자 대상으로서 들 수 있다.

지금은 때마침 EV와 신재생에너지에 대한 관심이 커지면서 ESG 투자라는 용어가 대중에게 널리 알려졌는데, 대중의 관심을 떠나서도 ESG 투자는 중요한 화두로 자리 잡았다.

기술적 기법을 고려해 매수해야 하는
하락 추세 종목

나는 원래 하락 추세인 종목을 잘 사지 않는 편인데, 이번에는 드물게 **닛산 자동차(7201)**에 주목했다. 과거 2년 이상 지속적으로 하락한 종목이다. 더구나 그 이전에도 상승 추세를 그리지도 않았다.

즉 닛산 자동차는 보험이 적용되지 않는 종목이나 마찬가지다. 때문에 꽤 리스크가 크다고 봐야 한다.

일봉 차트를 봐도 알 수 있듯이 2020년 11월 중순에 하락 추세에서 확실히 벗어났다.

25일 이동평균선을 넘자 장대양봉이 나오며 좋은 움직임을 보였다. 이런 신호를 보고 이 종목은 크게 반등하겠구나. 그렇게 생각하고 단기 거래 기준으로 400엔대 초반에 매수했다.

또 이 종목은 중장기적으로 봐도 승산이 있다는 판단도 가세했다. 2020년 12월 11일, 닛산 자동차는 550엔대까지 상승했다.

월봉 차트에서는 2015~2016년 횡보하다가 2017년은 박스권을 형성했고 2018년부터 점차 하락세를 보이기 시작했다. 그리고 같은 해 11월, 카를로스 곤이 금융상품거래법 위반으로 체포되면서 장대음봉이 나타났다. 이후 경영 혼란에 빠진 닛산자동차의 주식은 하락세가 멈추지 않았고 코로나가 전 세계를 덮치면서 주가는 350엔까지 하락했다.

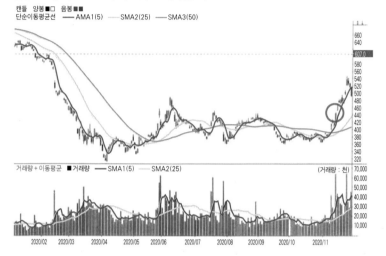

닛산자동차(7201/T)
일봉 2020/01/06~2020/11/30 (221개) 캔들 차트

캔들 양봉■□ 음봉■■
단순이동평균선 ── AMA1(5) ── SMA2(25) ── SMA3(50)

거래량+이동평균 ■거래량 ── SMA1(5) ── SMA2(25)　　　　　　(거래량 : 천)

그런데 당시의 닛산자동차는 배당률이 높고 PER이 낮다는 이유로 가치투자자들에게 인기 있는 종목이었다.

하지만 배당 이율이 높고 PER가 낮은 상태로 방치된 데는 이유가 있다고 생각했기 때문에 나는 그다지 매력적으로 느끼지 않았다.

이렇게까지 주가가 떨어진 닛산자동차는 파산할 가능성이 크지 않을까. 그런 소문이 당연히 퍼지면서 회사는 적자로 전환되었고 배당도 주지 못하게 되었다.

나는 적당한 가격이 아니라고 생각했고 절대 사지 않기로 했다. 그러다가 작년 11월 중순 횡보 추세를 확실히 넘어선 420엔

대에서 매수했다. (○표시)

매수하기 전에 월봉 차트를 보고 장기 목표를 정했다. 장기하락추세에 들어가기 전인 2017년 박스권의 900엔 정도는 잘하면 노려볼 수 있겠다고 판단했다.

기술적 기법으로는 이렇게 판단했고 나머지는 역시 닛산자동차의 향후 동향에 달려 있다.

결국 중장기적인 매수 종목을 정할 때는 월봉을 꼼꼼히 확인해야 한다. 또 단기 트레이드로도 좋다고 생각하는 위치에서 매수해야 한다.

목표를 달성해 충분한 성과를 낼 수 있는지도 고려해야 한다. 이번 닛산자동차의 목표 주가를 900엔으로 설정했지만 향후 900엔까지 상승하지 못할 수도 있다. 그러나 400엔대에 매수했다면 800엔까지만 올라도 2배가 오르는 셈이다. 닛산자동차가 맹렬히 노력해서 주가가 1,100엔이었던 시대의 실적으로 회복되고 배당도 부활한다면 1,000엔까지 상승할 수도 있다.

1,000엔이면 매수가의 2.5배다. 향후 1년 정도에 이 종목으로 2.5배를 벌 수 있다면 충분한 성과가 아닌가. 이것이 당시 우리가 내린 판단이었다.

물론 이러한 하락 추세 종목을 살 때는 월봉 차트를 주의 깊게 봐야 한다. 안타깝게도 하락 추세 종목은 신고가를 갱신하기는 어렵기 때문에 기술적 분석을 통해 얼마나 회복할 수 있는지 월봉 차트 등으로 긴 기간을 살펴보는 것이 중요하다.

머리와 바닥은 줘버려라
하락한 종목을 매수하는 법

알다시피 물타기는 일시적으로 보유 주식의 가격이 하락하는 상황에서 주식을 더 사는 방법이다. 예를 들어 100엔으로 산 종목을 50엔에 동일한 수의 주식을 사서 평단가를 75엔으로 낮추는 방식이다.

나는 기본적으로 이런 방식을 택하지 않는다.

내가 물타기를 하지 않는 것은 물타기 자체가 나빠서는 아니다. 확신을 갖고 좋아하는 종목을 찾아서 매수하고, 그 주식이 크게 오른다면 엄청난 재산이 될 것이기 때문이다.

하지만 한 종목에 너무 집착한 나머지 그 종목의 주가가 하락했는데, 즉 나쁜 방향으로 가고 있는데도 계속 매수한다면, 그 결과 기대한 만큼의 결과를 얻지 못한다면 그때는 크게 타격을 받을 것이다. 타격을 만회하려면 엄청난 노력과 시간이 필요하며 정신적으로도 힘들 것이다.

오랫동안 주가가 계속 하락하고 있는데, 버티면서 계속 사들이는 것은 그리 좋은 투자법은 아니다. 손실이 계속 증가하면 일상 생활에도 지장을 줄 수 있다. 이런 이유로 나는 기본적으로 물타기를 하지 않는다. 그렇다면 하락하고 있는 종목은 어떤 때 사면 좋은지 일본전산의 차트를 보면서 설명하겠다.

이 차트는 정밀 소형 모터 1위 업체인 **일본전산(니덱. 6594)**의 일봉 차트다.

여기에서도 기업의 펀더멘탈 내용은 빼고 기술적 측면에서 한정하여 보자.

보시다시피 이 종목의 주가는 상승세를 타고 있다. 우선 매수 포인트를 설명하겠다.

25일 이동평균선과 50일 이동평균선을 훨씬 아래에 놓여 있는 주가를 보면 이 종목이 오랫동안 조정을 받아왔다는 것을 알 수 있다.

3월에 급락했고 가장 낮은 곳은 5,000엔 부근까지, 게다가 3번이나 떨어졌다. 이런 위치에서는 매수하면 안 된다. 주식투자에는 머리와 바닥은 줘버리라는(무릎에서 사서 어깨에 팔아라) 격언이 있듯이 말이다.

주식을 바닥에 사서 최고가에 파는 것은 누구나 바라는 일일 것이다. 하지만 실제로 이루기 어려운 일이므로 그런 욕심을 버리고 여유를 갖고 투자해야 한다는 뜻이다.

그 격언을 일본전산 주식에 적용한다면 최저점으로 주가가 떨어졌을 때 싸다는 이유로 사기보다는 오랜 하락세를 탈피하고 강한 상승세로 전환했을 때가 '올바른' 매수 타이밍이다. 그렇다면 매수 타이밍은 ❶의 위치가 된다.

물론 예외인 경우도 있다. 지나치게 하락한 반동으로 일단 25일 이동평균선, 50일 이동평균선 위로 반등했다가 다시 하락하는 일도 적지 않기 때문이다. 그러한 불규칙한 반응을 고려해 안

일본전산(6594/T)

일봉 2020/02/03~2020/07/31 (121개) 캔들 차트

캔들　양봉■□　음봉■■
단순이동평균선　── AMA1(5)　── SMA2(25)　── SMA3(50)

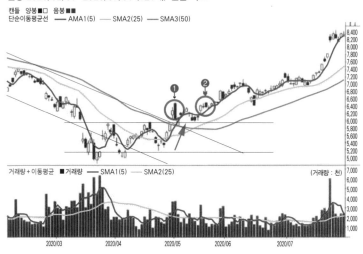

일본전산(6594/T)

일봉 2020/02/03~2021/03/10 (269개) 캔들 차트

캔들　양봉■□　음봉■■
단순이동평균선　── SMA1(5)　── SMA2(25)　── SMA3(50)

98

전하게 투자하고 싶다면 바로 뛰어들지 말고 며칠 정도 시간을 두고 보는 것이 낫다. 즉 ❷번 위치다. 여기서는 매수 판단이 확신으로 바뀔 것이다.

주가 바닥의 '종료'를 알리는 신호 확인

일본전산의 반등은 교과서에 나오는 듯한 모양이다.

25일 이동평균선을 넘어 50일 이동평균선도 뚫더니 잠시 쉬어갔다. 그동안 물려 있다가 손실을 만회해서 안심한 투자자들의 매도세가 반드시 나오기 때문이다.

그래서 지금까지 저항성이었던 이동평균선이 이번에는 지지선으로 바뀐다. 그 이후에는 예전처럼 하락세로 돌아가지 않았다.

서서히 우상향으로 오르기 시작하더니 과거 전고점을 넘어버렸다. 그런 후 며칠 동안 지지선보다 높은 자리에서 머무르면서 과거의 하락세를 '부정'하는 듯한 움직임을 보였다. 이 상황을 보고 일본전산의 반등이 일시적인 것이 아니라는 확신이 들었다.

게다가 앞에서도 언급했듯이, 상승 추세로 바뀌기 직전에 세 번 바닥을 만들어냈다. 쿵 하고 바닥을 찍고 올라갔다가 다시 내려가 쿵 하고 찍고 다시 올라갔다고 또 쿵 하고 바닥을 찍는다. 이것을 역 헤드 앤 숄더(Inverse Head&Shoulder)라고 하며 주가가 바닥을 치고 상승 패턴으로 바뀌는 신호라고 여긴다.

원래 한 번 저점을 기록하고 V자형으로 상승 추세를 회복하는 경우는 매우 드물기 때문에 이런 형태를 여러 번 반복하고 하락세에서 벗어나는 종목을 더욱 신뢰할 수 있다.

역 헤드 앤 숄더에 대해 전문가들은 한가운데 골짜기가 가장 깊어야 한다고 하지만 그렇게까지 딱 들어맞아야 하는 것은 아니다. 그에 가까운 형태로 주가가 저항선 이상으로 오르면 주가가 힘을 받아 상승하고 있다고 해석하면 된다.

앞과 같은 배경에서 나는 일본전산을 ❶과 ❷의 시점에서 '매수' 판단을 내렸다. 이것이 내가 하락하고 있는 주식을 매수할 때 적용하는 방법이다.

아래쪽의 차트는 일본전산의 중기적인 일봉 차트다. 앞서 설명한 매수 지점 위치는 이 차트에서 보면 동그라미 친 부분이다. 비싼 값에 뒤늦게 산 것처럼 보이지만 중기 차트로 보면 그렇게 높은 위치가 아니라는 것을 알 수 있다. 따라서 장기 투자를 선호하는 사람은 월봉과 주봉 차트를 이용해 지금과 같은 움직임, 즉 하락 추세에서 벗어났는지 확인한다. 또한 일봉 차트에서 한 번 더 확인을 하고 매수하는 것이 좋다.

눌림목 매수 관점에서 보면 일본전산처럼 상승 추세로 이행했을 때 전고점을 회복하고 조정을 받을 때가 매수 타이밍이다. 아니면 앞서 말했듯이 일시적인 반등이 아닌지 며칠 동안 관찰한 다음에 사는 것도 좋다.

대세를 따르는 의식이 강한 기관들

지금 설명한 방법으로 내가 고객에게 대형주를 추천한 예를 살펴보자.

종목은 종합 엔터테인먼트 산업에 속하는 **반다이 남코홀딩스** (BANDAI NAMCO Holdings Inc. 7832)다. 장기 상승 추세인 종목을 후보로 선정하는 이유는 그 기업의 중장기적인 실적 성장 잠재력과 시장 가치에 변동이 없는 한 주가가 일시 하락해도 회복할 가능성이 크기 때문이다.

나는 주로 중소형 성장주를 투자하는 편이지만 일부 고객들은 안정적인 성장주를 통해 수익을 내고 싶어 하므로 전체 비중을 중소형주에 다 싣기에는 자산이 너무 크기 때문에 대형주를 추천하기도 한다. 이 경우는 장기적인 상승 추세를 타면서 기관투자자가 선호하는 종목을 선택하도록 하고 있다.

기관투자자는 '대세를 따르는' 의식이 강하다. 좋은 종목, 주가가 상승할 종목을 사지 않으면 경쟁사보다 실적이 떨어질 거라는 위기의식을 항상 갖고 있다. 또 기관은 기업 펀더멘탈 분석 능력 면에서는 전문가이므로 그들이 선호하는 종목은 실적이 받쳐줄 가능성이 크다.

주가가 상승할 때는 저렴하면서 움직임이 없는 종목보다 좀 비싸도 오르고 있는 성장주에 기관의 자금이 몰리는 경우가 많고 그런 종목은 더욱 주가가 상승하는 경향이 있다. 여기서 예로 든

반다이 남코홀딩스(7832/T)
월봉 2015/04~2021/03 (72개) 캔들 차트

캔들 양봉■□ 음봉■■
단순이동평균선 ── AMA1(6) ── SMA2(12) ── SMA3(24)

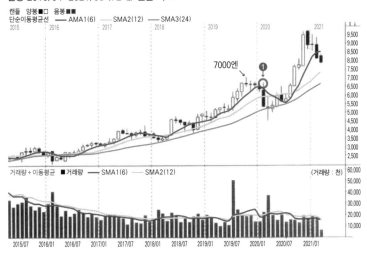

거래량 + 이동평균 ■거래량 ── SMA1(6) ── SMA2(12)   (거래량 : 천)

반다이 남코홀딩스(7832/T)
주봉 2019/10/28~2021/03/08 (72개) 캔들 차트

캔들 양봉■□ 음봉■■
단순이동평균선 ── SMA1(13) ── SMA2(26) ── SMA3(52)

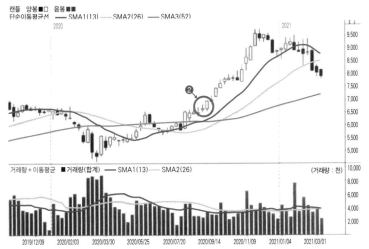

거래량 + 이동평균 ■거래량(합계) ── SMA1(13) ── SMA2(26)   (거래량 : 천)

반다이 남코홀딩스도 그중 하나다.

반다이 남코의 월봉 차트를 보자. 당시 반다이 남코의 상장 이해 최고가는 7,000엔이었다. 다음에 매수할 시점을 찾고 있던 나는 여기서 (월봉 차트❶) 매수했다가 실패했다. (월봉이므로 잘 안 보일 수도 있지만 다시 한번 상승할 기세가 보였다.)

나는 반다이 남코를 상당히 믿었었다. 하락 추세를 벗어나고 있다고 생각하며 샀다. 얼마 전 주가가 이동평균선 위로 올라왔지만 일시적인지 확인하기 위해 며칠 동안 관찰했고 그 주가를 유지할 수 있는지 지켜보자고 고객에게 전했다.

이때 동사의 실적 발표가 있었는데, 나쁘지 않았다. 위로 상승할 가능성이 크다고 판단한 나는 그때 매수하라고 권했다. 그런데 시장의 평가는 나와 정반대로 반다이 남코는 급속도로 매도세가 나왔다. 그렇게 하는 동안 코로나라는 재앙이 덮쳤고 반다이 남코의 주가는 곤두박질쳤다.

두 번째로 반다이 남코의 주식을 산 것도 결과적으로 보면 첫 번째와 똑같은 가격대였다. 코로나로 인해 하락세가 너무 심해서 한 번 상승으로 하락 추세를 완전히 벗어날 수 없으리라 생각했기 때문이었다. 아니나 다를까 예상보다 더 큰 하락이 다시금 이어졌다.

그리고 두 번째 상승에서는 명확하게 하락 추세를 벗어나서 전고점을 갱신했으므로 매수하고 싶은 생각이 들었다. 하지만 첫 번째의 아픈 경험이 떠올라 보험 삼아 며칠 동안 관망하기로 했다. 이번에는 첫 번째 상승과 같은 일이 일어나지 않았고 꾸준히 우상향하기 시작했다. 이때 비로소 이 종목은 상당히 높은 확률로 상승 추세를 향하고 있다고 생각해 매수했다. (❷의 위치)

2020년 9월 강연회에서 나는 '반다이 남코는 가까운 시일 내에 7,000엔을 넘어 상장 이래 최고점을 찍지 않을까 생각한다'고 했다. 결과는 12월 1일, 9,795엔이라는 최고가를 기록했다. 이런 기관투자자가 선호하는 종목은 그 밖에도 **다이후쿠(6383)**[12], **GMO 페이먼트 게이트웨이(3769)**[13], **일본전산(6594)**, **엠쓰리(M3 INC. 2413)**[14], **오리엔탈 랜드(4681)** 등이 있으며, 나도 지속적으로 관찰하고 있다. **동경전기(도쿄일렉트론, 8035)**와 **레이져테크 (6920)**[15] 등 반도체 관련주도 지금은 긍정적으로 본다. 요즘에는 **NEC(6701)**[16]도 주시하고 있다. (참고로 NEC는 몇 년 전부터 우리 회사의 아사쿠라가 일관되게 추천한 종목이기도 하다.)

---

12) 일본의 물류 자동차 장비 기업
13) 일본의 대표적인 전자 결제 회사
14) 2000년 설립한 M3는 일본의 대표적인 의료 서비스 온라인 플랫폼 기업으로 최대주주인 소니가 지분 34%를 보유해 자회사로 편입하고 있다.
15) 반도체 EUV 관련주
16) 일본전기주식회사. 2021년 3월기 기준 301개의 자회사에 연결기준 2.99조 엔의 매출을 올리는 초대형 IT기업이다.

추가 매수는 상승 추세를 확인한 후 한다

다음 차트는 GMO 페이먼트 게이트웨이(3769)다. 전자상거래 등의 사업자에게 신용카드 결제 서비스를 제공하는 업체이며 GMO 인터넷의 자회사이기도 하다. 전자상거래 결제의 주역이 되어 장기 상승이 기대되는 종목이다.

이 종목은 원래 우리 회사의 대형주 매수 후보군 중 하나였다. 하지만 앞서 말한 반다이 남코와 마찬가지로 매수 자리를 잘못 판단했다.

GMO 페이먼트 게이트웨이는 상장 이래 고점을 찍은 후 하락 추세로 돌아섰고 그것을 벗어난 ❶의 자리에서 나는 매수를 했다. 그러자 차트를 보면 알 수 있듯이 명확한 추세를 보이지 못하고 일정 범위에서 왔다 갔다 하는 '박스권'에 갇혀버렸다.

그나마 코로나 확산에도 불구하고 어찌어찌 주가가 이동평균 선 위로 올라오더니 상승하기 시작했다. 조정 기간도 길었고 드디어 전고점을 뚫었다. 이번에는 틀림없다고 생각한 나는 다시 ❷의 자리에서 매수했다.

2015년부터의 주가 차트를 살펴보면 장기 상승이 기대되는 대형주다운 움직임을 보인다. 주가의 등락은 있었지만 상장한 뒤의 전고점을 찍은 뒤 힘차게 상승하고 있다. (아래쪽 월봉 차트 참조)

반다이 남코 이야기로 돌아가자. 여러분은 혹시 '6,500엔에 샀

GMO 페이먼트 게이트웨이(3769/T)

일봉 2020/01/04~2021/03/10 (529개) 캔들 차트

캔들 양봉■□ 음봉■■
단순이동평균선 ── AMA1(5) ── SMA2(25) ── SMA3(50)

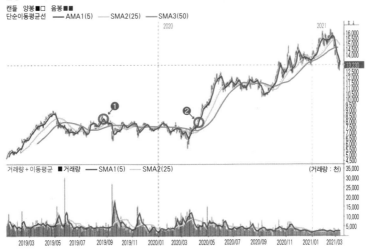

거래량＋이동평균 ■ 거래량 ── SMA1(5) ── SMA2(25) (거래량 : 천)

GMO 페이먼트 게이트웨이(3769/T)

월봉 2015/04~2021/03 (72개) 캔들 차트

캔들 양봉■□ 음봉■■
단순이동평균선 ── SMA1(6) ── SMA2(12) ── SMA3(24)

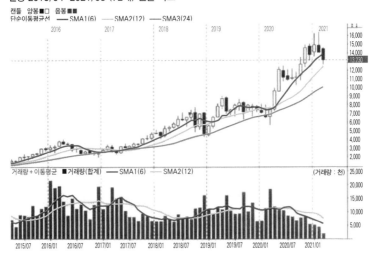

거래량＋이동평균 ■ 거래량(합계) ── SMA1(6) ── SMA2(12) (거래량 : 천)

는데 9,000엔까지 상승한 거라면 수익이 별로 크지 않다. 4,600엔 인 바닥에서 샀으면 좋을 텐데'라고 생각하지 않는가?

물론 과감하게 4,600엔에 매수해 더 많은 이익을 내는 방식도 있겠지만, 나는 상승 추세로 돌아선 것을 확인한 뒤에 매수하는 편이 좋다고 생각한다. 그래도 4,600엔에서 샀다면 이동평균선에 근접했을 때 일단 한 번 팔고, 강한 상승 추세가 확인되었을 때 재진입했을 것이다.

IPO 시에는 소외되었다가
대박이 나는 종목도 있다

중장기 관점에서 매수 위치를 결정하려면 주봉 차트나 월봉 차트를 본다. 상승 추세 종목은 신고가 갱신을 할 수 있는 종목을 눌림목에서 매수한다. 하락 추세인 종목은 목표치를 설정해야 한다. 지금까지 이 세 가지에 중점을 두고 설명했다. 이제부터는 IPO 공모가격에서 인기가 없었던 종목에 대해 중장기적으로 고려해야 하는 기술적 측면을 살펴보겠다.

다음 장에 나오는 일봉 차트는 **스시로 글로벌홀딩스(현 FOOD&LIFE COMPANIES. 3563)**다. 스시로는 2017년 3월 말에 상장되었지만 철저하게 소외되었다.

공모가는 900엔, 상장 당일 시초가는 857엔 50전이었다. 분할

스시로 글로벌홀딩스(3563/T)
일봉 2017/03/30~2017/11/21 (161개) 캔들 차트

캔들 양봉■□ 음봉■■
단순이동평균선 ── AMA1(5) ── SMA2(25) ── SMA3(50)

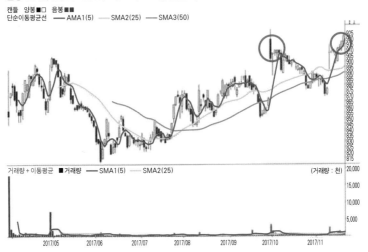

스시로 글로벌홀딩스(3563/T)
월봉 2017/03~2021/03 (49개) 캔들 차트

캔들 양봉■□ 음봉■■
단순이동평균선 ── SMA1(6) ── SMA2(12) ── SMA3(24)

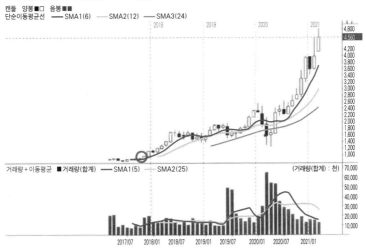

상장으로 인한 주가였다. 상장 직후 900엔을 넘었지만 인기가 없어서 하락했다.

신규 상장 종목은 대박이 나는 종목도 있고 이렇게 기관의 펀드 환매 등으로 대형 IPO를 위해 공모가를 깨고 처음부터 하락하는 종목도 있다.

스시로도 815엔까지 떨어져 한동안 침체를 면하지 못했다. 그래서 공모가인 900엔에조차 도달할 수 없었다.

그러나 그해 10월, 단숨에 900엔의 장벽을 깼다. 매우 가시적이고 의미 있는 움직임이었다. 당시 벤처 캐피털들은 그 주식을 계속 매도하고 있었으므로 일단 조정을 받았지만 얼마 안 가 다시 한번 900엔을 넘어섰다. 벤처 캐피털은 이 종목을 거의 다 팔아치웠지만 주가는 공모가를 넘어섰다.

그때 나는 매수를 결정했다. 스시로는 대형 신규 상장주에 속했고 반년 이상 조정을 받았으며 상장 직후에 찍은 무겁디무거운 전고점을 뚫었다. 이것은 상당한 힘을 갖고 있지 않는 한 불가능했다.

그 후 스시로의 주가는 어떻게 되었을까? 동년 12월 말까지의 일봉 차트를 보자. 그렇게 무거웠던 움직임이 거짓말처럼 가볍게 상승하더니 기세 좋게 1,120엔을 찍었다.

다음으로 월봉 차트를 보면 2021년 3월 1일, 4,200엔대까지 상승했다. 4년여 만에 대략 4.7배가 된 것이다.

종목의 단기 동향은 일봉 차트로 확인해도 되지만 차트의 마법에 현혹되어 주가가 너무 높아 보일 수도 있다. 하지만 지금 보면 정말 싼 주가였음을 알 수 있다.

그러므로 차트에서 보이는 범위에서 그 주가의 위치를 판단하지 않는 편이 기회를 붙잡기 쉽다.

이렇게 신규 상장주 중 인기가 없는 종목은 시초부터 공모가를 깨고 내려간다. 그러다가 공모가 이상으로 넘어오면 그 이유가 뭔지 확실하게 파악한 뒤 투자하는 것이 중요하다.

공모가를 처음부터 깨고 내려왔을 때 그 위치를 넘어선 것은 그 나름의 이유가 있는 경우가 많기 때문이다.

IPO 후 1년 4개월이나 기어갔던 페이스북

이 책에서는 가능한 한 내가 실제로 매매했던 종목을 들어 설명하고 있다. 그편이 훨씬 설득력이 있기 때문이다. **유피알(7065)** 도 내가 매매한 종목이었다.

2019년 6월 13일, 최고치인 891엔을 기록한 뒤 조금 조정을 받았지만 한 달 후인 7월 중순에는 전고점을 넘어섰다. 운송용 팔레트를 렌털하는 얼핏 수수한 사업 모델이어서 주가가 오르지 않을 것이라는 평가를 뒤집은 것이다. 그래서 나는 보초병으로 소량 매수를 했다.

그런데 주가가 떨어지기 시작했다. 이동평균선을 깨고 내려가

유피알(7065/T)

일봉 2019/06/12~2019/07/16 (24개) 캔들 차트

캔들 양봉■□ 음봉■■
단순이동평균선 —— AMA1(5) —— SMA2(25) —— SMA3(50)

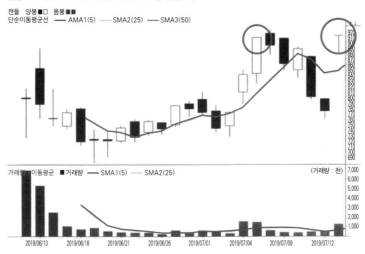

거래량+이동평균 ■거래량 —— SMA1(5) —— SMA2(25)　　　(거래량 : 천)

유피알(7065/T)

월봉 2019/06~2021/03 (22개) 캔들 차트

캔들 양봉■□ 음봉■■
단순이동평균선 —— SMA1(6) —— SMA2(12) —— SMA3(24)

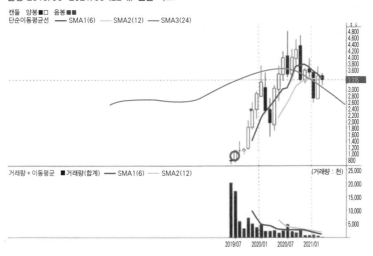

거래량 + 이동평균 ■거래량(합계) —— SMA1(6) —— SMA2(12)　　　(거래량 : 천)

면 내 규칙에 따라 매도할 수밖에 없다고 생각했다.

이동평균선에 닿을락말락 주가가 떨어졌을 때 첫 실적 발표가 있었다. 첫 실적 발표는 신규 상장주 투자자에게는 손에 땀을 쥐게 하는 난문이다. 아직 어떤 성격의 회사인지 모르기 때문이다. 나는 회사(경영진의 영향을 받는다고 생각하지만)마다 성격이 다르다고 생각한다.

실적 발표에 신중한 기업도 있고 허황하게 보일 만큼 대담한 계획을 세우는 기업도 있다. 신규 상장주는 과거 자료가 없기 때문에 그 점을 미리 파악할 수 없다.

다행히 실적이 좋아서 전고점을 갱신하고 주가 상승률이 커진 것을 확인하자 앞에서 설명했던 그레이스테크놀로지의 패턴으로 두 번째 매수를 시도했다.

890엔 근처에서 추매했는데, 그렇게 주가가 비싼데 사도 되느냐고 우려하는 사람도 있을 것이다.

하지만 월봉 차트로 보면 주가는 890엔에서 2020년 12월 11일 3,785엔, 12월 18일 종가로 3,525엔까지 상승했다.

유피알의 주가가 크게 오른 이유는 '고정관념의 괴리' 때문이었다. 이게 무슨 말일까? 상장하기 전에는 '기껏해야 팔레트 회사'라는 평가를 받았다.

대놓고 '당장 매도해라. 그런 회사를 누가 좋다고 생각하겠냐'라는 말을 들은 적도 있다.

Facebook(@FB/U)

월봉 2012/05~2021/03 (107개) 캔들 차트

캔들 양봉■□ 음봉■■
단순이동평균선 ──AMA1(6) ──SMA2(12) ──SMA3(24)

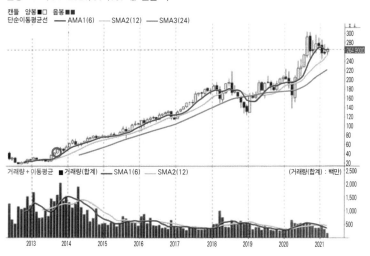

Beam Therapeutics(@BEAM/U)

주봉 2020/02/05~2021/03/08 (58개) 캔들 차트

캔들 양봉■□ 음봉■■
단순이동평균선 ──SMA1(13) ──SMA2(26) ──SMA3(52)

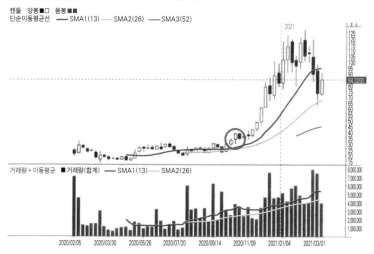

하지만 상장 후 좋은 결과를 발표하면서 유피알은 점차 다른 팔레트 업체와는 다른 성장 기업으로 인식되기 시작했다. 이런 고정관념의 괴리야말로 신규 상장주를 대박 나게 하는 요인 중 하나라고 생각한다.

신규 상장 기업이 상장 직후 주가가 상승한 뒤 조정받는 경우가 많은 것은 미국의 종목도 다르지 않다. 페이스북의 월봉 차트를 보자.

이 기업은 2012년 5월에 상장했다.

공모가는 38달러, 상장 당일 시초가는 42달러였다. 공모가보다 10% 높은 가격이다. 그 후 2013년 9월에야 시초가를 넘는 주가를 기록했다. 다시 말해 1년 4개월 동안 이 종목은 정체 상태였다는 말이다.

IPO에는 이런 예를 흔히 볼 수 있다. 상장 전 기대감이 컸던 페이스북도 상장 당일의 주가는 높았지만 날아오르는 데 시간이 걸렸다. 답답하게 횡보하며 기어가던 1년 4개월이 지나서야 상승세에 접어들어 지금과 같은 주가가 된 것이다. 페이스북은 지난해 12월 기준보다 6.59배 올랐다. 페이스북을 봐도 미국도 일본과 같은 상황임을 알 수 있다.

페이스북뿐만이 아니다.

다음 주봉 차트는 작년 2월에 상장한 미국의 바이오테크놀로지 기업인 빔 테라퓨틱스(Beam Theraputics. 티커 : BEAM)의 차트다. 상장 직후 31.8달러를 돌파한 주가는 한동안 제자리걸음을 하다 지난해 10월 상반기(○선) 고점을 조용히 넘어섰다. 상승세가 갑자기 빨라지더니 두 달 만에 두 배가 되었다. 펀더멘탈 측면에서 보면 다양한 요인이 있겠지만, 기술적 기법으로는 지금까지 본 종목과 동일하다.

상장 직후의 고가를 돌파한 종목에 관심을 기울이면 기회가 많아져 중장기 투자에도 활용할 수 있을 것이다.

앞에서도 언급했지만, 여기 등장한 차트는 설득력을 높이기 위해 내가 실제로 주시하거나 투자한 종목들이다. 그렇다고 이 종목들을 지금 매수해야 한다거나 모든 종목이 이 패턴에 들어맞는다는 뜻은 아니다. 여러 가지 투자 방식 중 하나로 알아두면 될 것이다.

제**4**장

거래량이 말해 주는
수급 관계

수급 관계를 알리는 거래량이 클 때의 주가 위치

여기서는 거래량에 관해 자세히 설명하겠다.

사람들은 거래량이 많을수록 좋고 인기 있는 종목이라고 생각한다. 물론 거래량이 많은 것은 기본적으로 긍정적인 요소이지만 그보다는 '수급'을 잘 생각하는 것이 더 중요하다. 이 장에서는 기업의 펀더멘탈을 빼고 기술적인 측면에 중점을 두고 다루기 위해 기업명을 밝히지 않고 알파벳으로 표시하겠다.

먼저 **종목 A의 차트**를 보자. 보시다시피 제일 왼쪽의 동그라미 표시에 최고가를 찍고 거래량도 최고조에 달했다. A의 움직임을 볼 때 간과하면 안 되는 것은 거래량이 클 때는 확실히 주가가 올랐지만 그 후 순식간에 주가가 떨어졌다는 것이다.

가장 왼쪽의 동그라미 표시에서 다음 고점인 동그라미까지의 거래량은 그럭저럭 있긴 하지만 이전의 주가를 넘지 못했다. 만약 이것이 이전 주가를 넘었다면 수급적인 문제가 없다고 생각한다. 하지만 거래량이 많은데도 예전 수준을 넘지 못하고 밑돌 때는 수급이 그다지 좋지 않아서 주가가 별로 오르지 않는 게 아닐까. 앞으로 서서히 움직임이 둔해지지 않을까. 그렇게 생각할 수 있어야 한다.

종목 A의 경우 호재가 더 있더라도 다음날의 움직임을 보고 판단해야 한다.

종목 A
일봉 2020/06/01~2020/12/30 (146개) 캔들 차트

캔들 양봉■□ 음봉■■
단순이동평균선 ── AMA1(5) ── SMA2(25) ── SMA3(50)

거래량+이동평균 ■거래량 ── SMA1(5) ── SMA2(25) (거래량 : 천)

종목 B
일봉 2019/10/25~2020/10/30 (248개) 캔들 차트

캔들 양봉■□ 음봉■■
단순이동평균선 ── SMA1(5) ── SMA2(25) ── SMA3(50)

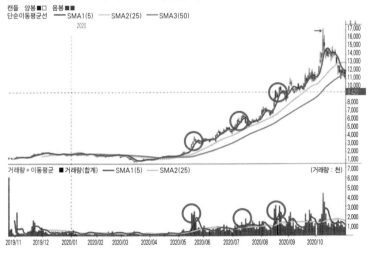

거래량+이동평균 ■거래량(합계) ── SMA1(5) ── SMA2(25) (거래량 : 천)

또 차트에서 보면 위꼬리가 길게 달린 캔들을 많이 볼 수 있다. 이것은 순식간에 올라갔다가 주가가 떨어졌다는 말이다. 그래서 뾰족한 연필 모양으로 보인다.

실적에서 종목을 추려냈을 때는 당연히 그 종목의 차트를 살펴보는데 이런 유형의 차트를 보여주는 종목으로는 수익을 내기가 쉽지 않다. 나라면 그렇게 판단한다.

왜 그럴까? 순식간에 올라갔다가 내려오는 종목은 거래하기 매우 번거롭기 때문이다. 이런 종목은 매도하고 달아날 시간이 없다. 내가 생각하고 있는 사이에 금세 하락한다.

차트 왼쪽 부근처럼 높은 주가를 어느 정도 유지하고 있을 때는 탈출하기 쉽다.

간단히 말해서 아래 공간이 넓을 때는 종목 A에 투자해도 괜찮다고 생각한다.

위 공간은 넓고 길며 위꼬리가 길게 달리면서 상승하면 그때는 반드시 거래량이 많다. 하지만 점차 주가가 하락하고 전고점을 넘지 못할 때는 주가를 더 올리기는 어렵다고 봐야 한다.

다음 **종목 B의 차트**를 보자. 이것은 거래량과 고점이 가장 바람직한 관계인 차트다.

과거 최고가를 갱신한 3번 모두 거래량도 정점을 찍었다. 이것은 최고의 수급 관계라고 판단해도 좋다. 덧붙여 거래량이 줄어들었을 때도 꾸준히 상승 추세를 이어가고 있다. 견고한 수급이 받쳐주고 있다고 생각한다.

그래서 오른쪽 화살표 부분에서 주가는 정점을 찍었다. 거래량도 사상 최고치에 도달했고 꾸준히 증가한 거래량이 상승폭을 키우면서 주가가 날아올랐다. 그 후 주가는 서서히 기세를 잃어가면서 25일 이동평균선을 깨고 내려가 일단 조정에 들어갔다.

이것은 매우 알기 쉬운 예시다. 거래량이 증가할 때 주가가 전고점보다 높은가, 낮은가. 이것이 매우 중요한 포인트다.

다음은 초대형주인 **종목 C의 차트**다. 이것도 주가는 거의 횡보 상태였다. 보시다시피 차트 중앙 부근에서 갑자기 큰 거래량이 발생했고 주가도 전고점을 넘었다.

실은 이날의 거래량은 도쿄증시의 매매대금이 최고치였던 비정상적인 상황이었다. 상승폭도 엄청나게 컸다. 앞에서 거래량이 많이 증가할 때는 고점일 가능성을 경계하라고 했다.

종목 C는 상승세라기보다는 계속 이어지고 있던 횡보 추세에서 갑자기 벗어난 것으로 봐야 한다. 그 후 주가 동향을 보면 거래량은 서서히 줄어들면서 과거의 통상적인 수준으로 돌아갔지만, 주가의 위치는 예전만큼 내려가지 않았다. 아래쪽 공간은 점점 더 넓어지고 있었다.

거래량이 적은데도 불구하고 전고점과 비교해 주가는 훨씬 높은 위치에 있었다. 예전에는 어마어마한 거래량을 수반하며 큰 폭으로 주가를 올렸지만, 그 뒤에는 훨씬 적은 거래량인데도 고

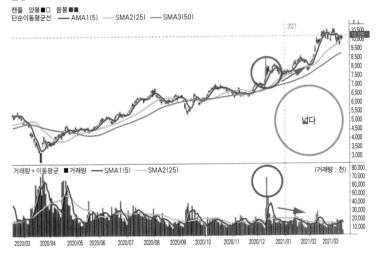

종목 C
일봉 2020/02/14~2021/03/11 (262개) 캔들 차트
캔들 양봉■□ 음봉■■
단순이동평균선 ── AMA1(5) ── SMA2(25) ── SMA3(50)

거래량 + 이동평균 ■거래량 ──SMA1(5) ──SMA2(25) (거래량 : 천)

점을 갱신하려고 하는 것이다.

이것은 수급이 대단히 좋다는 의미이므로 종목 C는 팔지 않고 계속 가져가도 되겠다고 판단했다. 그리고 C의 주가는 재차 고점을 갱신했다.

하락세를 깨뜨리는 신호인 돌발적 거래량 급증

그럼 하락 추세인 종목은 어떻게 매수하고 거래량을 어떻게 파악하면 되는지 살펴보겠다.

　D의 차트는 전형적인 하락 추세를 보여준다. 2020년 7월 초에 큰 거래량을 동반하며 매도세가 나타났다. 주가도 급락하고 바닥을 친 듯 보였지만 다시 한번 매도세가 나타났다. 거래량은 적지만 주가는 더 떨어졌다. 이것은 수급이 매우 나쁘다는 것을 보여 준다.

　앞의 종목 C와는 정반대 패턴이다.

　이러한 추세의 종목은 어떤 때 사야 할까? 이것도 주가의 위치와 거래량이 중요하다. 실은 9월 초부터 25일 중기이동평균선을 넘었다.

　그 후부터는 25일의 이평선을 타고 일단 잠깐 쉬어갔다. 주가가 25일 이평선 위로 가서 큰 폭으로 상승하며 괴리를 보였기 때문이다. ❶ 그만큼 오래 하락 추세가 이어진 종목의 전형적인 움직임이라 할 수 있다.

　그리고 다음 순간 차트 오른쪽 부분에 있는 천장을 뚫을 기세로 거래량이 터졌다. ❷ 과거에 한 번도 없었던 거래량으로 주가도 함께 뛰어올랐다.

　엄청난 속도다.

　이것은 지금까지의 움직임을 완전히 벗어날 징조다. 매우 큰 거래량에 종가까지 떨어지지 않는 양봉이므로 매도로 나온 물량을 흡수하고 있다는 뜻이다.

　다음날 거래량도 매우 높은 수준이긴 하지만 약간 줄어들었

종목 D

일봉 2020/02/03~2020/11/20 (197개) 캔들 차트

캔들 양봉■□ 음봉■■
단순이동평균선 ──AMA1(5) ──SMA2(25) ──SMA3(50)

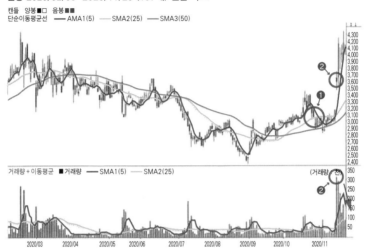

거래량＋이동평균 ■거래량 ──SMA1(5) ──SMA2(25)

종목 D

주봉 2019/10/28~2021/03/08 (72개) 캔들 차트

캔들 양봉■□ 음봉■■
단순이동평균선 ──SMA1(13) ──SMA2(26) ──SMA3(52)

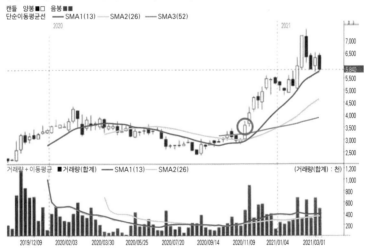

거래량＋이동평균 ■거래량(합계) ──SMA1(13) ──SMA2(26)

다. 하지만 주가는 더 크게 올랐다. 거래량이 크고 매도된 물량을 매수세가 흡수하는 모양이므로 수급이 매우 좋다는 뜻이다. 이것은 잠재적 상승력이 상당히 크다는 의미다. 갑자기 대량의 거래량이 터질 때는 그것이 진짜인지 일시적인지 다음 움직임을 관찰하는 것이 중요하다.

아래 차트가 그 후의 움직임을 선명하게 보여준다. 2020년 11월의 갑작스러운 거래량 급증이 하락 추세를 깼다는 신호였음을 알 수 있다.

큰 거래량을 소화하면서 그 후에는 거래량이 줄어들었지만 주가는 꾸준히 올라갔다.

2021년 2월 초에 다시 한번 큰 거래량이 나타났다. 이것이 발목을 잡는 역할을 할까? 하지만 주가는 떨어지지 않고 높은 가격을 유지했으므로 기술적 측면에서 볼 때 아직 보유해도 괜찮다고 판단했다.

이 종목에 관해서는 거래량을 보는 한 지나치게 주가가 올랐으니 팔아야 한다는 생각을 하지 않아도 된다.

정리하자면 하락 추세인 종목을 살 때는 큰 거래량을 동반한 주가 상승이 나타나고 빠른 속도로 움직여야 한다. 이것이 판단 기준이다. 덧붙여 하루뿐만이 아니라 그 후의 경과를 살펴봐야 한다.

거래량이 줄어들어도 주가가 떨어지지 않으면 그것이 수급의

양호함을 나타내는 증거라는 것을 기억하자.

이것은 앞에서 살펴본 종목 A의 차트처럼 위꼬리가 길게 달린 모양새였다면 그 후의 경과를 관찰한 시간도 없이 빠르게 시가로 돌아갈 수도 있다. 또는 매수주문을 넣었는데 꼭지를 잡았을 수도 있다. 그런 형태를 보이는 종목은 투자하기 어렵다.

거래량이나 차트만 보는 것이 아니라 양쪽을 다 보면서 주가의 수급을 생각하면 주가 동향이 좀더 잘 보일 것이다.

수급을 파악하며 투자해야 하는 신규 상장주

여기서는 상장한 지 얼마 되지 않은 신규 IPO 수의 거래량에 관해 다루어보겠다.

말할 필요도 없이 시로 상장된 주식은 과거 차트가 존재하지 않는다. 그러므로 상장 당일 매수하려면 많은 용기가 필요하다. 기업의 펀더멘탈만 고려해 매수해야 하는데, 일반적으로 신규 상장주는 인기가 많아서 상승세로 출발하는 경향이 있다. 따라서 당일 매수에 '몰빵'하는 것은 상당히 위험하다고 할 수 있다.

다만 리스크가 있지만 상장 당일 매수가 아닌 기술적 측면에서 합리적인 설명이 되는 투자 방법이 있다. 상장한 지 얼마 안

종목 E

일봉 2016/12/21~2017/01/30 (25개) 캔들 차트

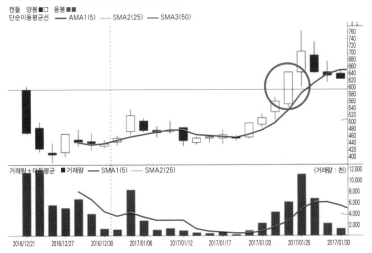

된 IPO 주를 시장에서 매수하는 세컨더리 투자다.

그럼, 세컨더리 투자를 할 때 주의해야 할 사항의 예를 살펴보겠다.

종목 E는 공모 당일 기관이 매도 가능한 수량이 적었고 시가총액이 매우 작았기 때문에 많은 이가 상장 당일에 매수했고 공모가 대비 130% 상승했다. 결국 공모가의 2.3배로 시작한 셈이다. 주가는 약 600엔 정도다.

그 후에는 차트를 봐도 알겠지만 주가는 오르지 않고 매도세가 나왔다. 상장 3일째에는 400엔 아래로 떨어졌다. 시초가에서 30% 이상 떨어졌기 때문에 매수한 사람들은 상당히 불안해

했던 것 같다.

그러면 거래량을 보자. 대부분의 IPO 종목은 상장 1일째, 2일째는 거래량이 많은데 E 종목도 그랬다. 이후 거래량은 줄고 주가도 오르지 않았다.

이런 종목은 대체 어느 시점에서 매수해야 할까? 먼저 첫 번째 매수 기회는 주가가 상장 당일 주가 캔들의 고가를 넘어섰을 때다. (차트의 동그라미 표시) 실제로 2017년 1월 24일 상장 당일 주가를 넘어섰다. 당시 상장 이래 최고가를 갱신하고 그 자리를 굳건히 지키며 장을 마감했다. 거래량도 예전보다 적으므로 수급도 괜찮은 편이었다.

앞서 말했듯이 그 다음날의 움직임이 중요하다. 주가가 떨어지지 않고 그 자리를 지키며 상승했지만 거래량이 쑤욱 증가했다. 이유는 여기서 주가가 하락하면 더블톱[17] 패턴을 그릴 가능성이 있다.

경과를 지켜보자 주가는 조정을 받으면서도 거래량이 계속 감소했다. 주가가 상승하진 않았지만 여전히 상장 당일의 고점보다 위에서 유지하고 있었다. 결국 종목 E는 거래량이 적어도 상승 추세를 탈 수 있었다.

신규 상장주에 관해 정리하자면 상장 당일에 살 필요는 없다. IPO 후 점점 주가가 떨어지는 경우가 흔하기 때문이다. 특히 시

---

17) Double-top 패턴. M자 형태로 고점을 두 개 그린 뒤 급락하는 것을 말한다.

가총액이 작은 종목은 시초가만 높고 그 후 계속 침체하는 경우가 많다.

그렇지 않은 종목은 거래량이 많고 인기가 있었던 상장 당일의 고가를 '다시 한번' 넘어섰을 때 의미 있는 움직임을 보인다.

덧붙여 그때의 거래량이 적으면 더욱 좋다. 거래량이 적은데 서서히 주가가 오른다는 것은 그 종목의 인기가 없어졌는데, 매도할 수 없는 상태다. 이것은 수급이 무척 '좋다'는 뜻이며 여기서 확신을 갖고 투자하면 좋다고 생각한다.

큰 수익이 기대되는 마더스 종목의 세컨더리 투자

이 같은 패턴은 교무슈퍼라는 대형마트를 운영하는 **고베 물산(3038)**에도 적용된다. 이 종목도 IPO 직후에 큰 폭으로 하락해 오랜 기간 조정을 받다가 상장 당시의 고점을 넘었을 때 단번에 상승했다.

먼저 설명했던 스시로도 마찬가지다. 반년 넘게 하락하다가 서서히 주가가 상승했다. 벤처 캐피털의 매도세가 있었지만 어떻게든 전고점을 돌파했다.

다시 말하지만, 조정 후 상장 당시의 고점을 넘어선 경우와 거래량이 적은 경우, 이 두 가지 요소에 주목하자.

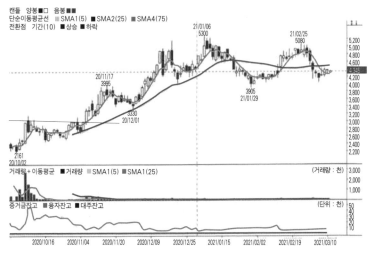

종목 F

일봉 2020/09/30~2021/03/11 (110개) 캔들 차트

마더스 종목의 세컨더리 투자는 확실히 위험을 감수해야 한다. 상상하자마자 전력투구하지 말아야 한다. 하지만 성공한다면 매우 큰 수익을 얻을 수 있다. 앞서 말한 것처럼 기업의 펀더멘탈, 차트, 거래량을 꼼꼼히 확인하면서 도전하는 것이 세컨더리 투자의 정석이다.

다음은 2020년 상장한 **종목 F**다.

앞서 말한 **종목 E**는 상장 후 높은 주가로 출발했다가 급속히 조정을 받아 상장 당시의 전고점을 돌파했을 때 주목하자고 했다. 종목 F의 패턴은 상장 당일 주가가 눌려있던 상태에서 출발해 상승 추세를 그리는 종목이다.

이 종목은 IPO에는 드물게 상장 첫날의 거래량이 적었다. 인기가 없었기 때문이다. 그 후 상장 5일째에 거래량이 급증해 주가가 급발진했다. 거래량이 급증했지만 주가의 위치가 위에 있으므로 (수급이 양호) 아무 문제가 없다. 그 뒤 거래량은 감소했지만 주가는 하락하지 않고 버티다가 서서히 오르기 시작했다. 그리고 적은 거래량인 상태에서 신고가를 갱신했다. 매수 타이밍은 이때다. 종목 F의 경우는 상장 당시 낮은 가격으로 출발했으므로 펀더멘탈을 확인하고 좋다고 판단된다면 당일부터 투자하는 것도 가능하다.

종목 E와 **종목 F**는 둘 다 가로선의 위치가 매물대가 쌓인 위치이기도 하다. 종목의 차트를 보고 주가 위치가 매물대라는 '벽' 위에 있는지 아래에 있는지 생각하면서 투자하는 것이 중요하다.

증권 칼럼

외국인 투자자가 주도한 엔화 강세 및 일본 약세장 시대

2011년, 나는 개인투자자로 살다가 한 회사의 고문이 되었다. 1주일에 두 번 출근해 주식시장에 대한 의견과 IPO 종목에 대한 조언을 하는 것이 내 일이었다.

당시 일본 경제는 동일본 대지진에 휩쓸렸음에도 불구하고 해외투자자들로 인해 엔고와 주가 하락에 시달렸다. 당시 경기 침체에도 엔화가 절상되었다. 이해가 안 될 수도 있겠지만 엔화 강세와 일본 증시 약세가 세트로 묶여서 해외의 헤지펀드 등이 자금을 움직였다. 이런 흐름은 아베 정권이 들어서면서 완전히 바뀌었다. 아베 정권 들어 일본은행이 다른 차원의 통화정책 완화에 나서자 엔화는 125엔대까지 하락하고 주가가 상승했다. '엔고=주가 하락' 현상이 다시 나타났다. 일본의 주식은 수출과 관련된 경기민감주가 많다는 사실도 한몫했다.

그런데 지난 1년 반 정도는 엔화는 105~115엔의 박스권에서 움직이고 있고 엔고가 되어도 일본 주식은 상승했다. 지금까지와는 다른 움직임을 보이는 것이다. 과거에는 엔화 가치가 105엔 아래로 떨어지면 일본 주식도 후두둑 떨어졌지만 이제는 그렇지 않다. 이런 패턴이 형성된 것은 작년부터다.

시장은 일본 기업들의 노력이 환율에 대한 저항력을 키웠다고 평가한다. 예를 들어 도요타는 미국에 공장을 짓고 현지 생산을 함으로써 엔고에 대응했다. 물론 그런 이유도 있지만 그보다는 외국인 투자자들이 일본 주식에 관심을 보이기 시작한 것이 더 크다. 일본의 지정학적 평가가 높아지고 있기 때문일 것이다.

제**5**장

해외 배분 비율이
높은 종목을
노려라!

공모 주간사의 말을 듣지 않는
일본의 IT 기업 경영자

앞에서 공모총액 100억 엔 이상인 카테고리에는 '바겐세일' 종목이 많다고 이야기했다. 다음 표는 '**신흥 IPO의 해외 배분 비율이 높은 종목**' 표에서 색깔이 있는 종목이다. 대체로 공모 규모가 크다는 공통점이 있다.

공모 규모란 상장 당시 시중에 유통된 주식의 가치를 말하며 '공개 주식수×발행가격'으로 계산한다.

이 표는 2016년 이후 IPO 종목들 중 해외 배정 비중이 높은 종목을 모은 것이다.

아래에 음영이 표시된 종목의 공통점은 상장 당일 주가보다 3배 이상 올랐다는 점이다.

이런 종목은 모두 대형 공모주이며 비인기 주식으로 불리는 요소들을 갖추고 있다. 그러나 모두 해외 배분율이 높은 종목이었다.

조사를 진행한 결과, 최근 상장 전 신주청약 신청을 받는 주관사의 해외투자자 배정비율이 상당히 높아진 것으로 나타났다.

니혼케이자이신문 등에 소개되었는데, 야플리(4168)와 플레이드(Plad, 4165) 등의 경영자는 기업공개를 하기 전에 과거에 IPO를 성공시킨 사람을 사외이사로 영입했다.

신흥 IPO의 해외 배분 비율이 높은 종목

종목	코드	공개규모 (억 엔)	공개시 시가총액 (억 엔)	해외 비율 (%)	시초가 등락률(%)	고가 상승률(%)	시가총액 (억 엔)	5% 해외
ACSL	6232	101	345.2	19	-16.67	92	324	
메루카리	4385	1306.6	4059.9	55	66.67	20	8040	○
라스쿠르	4384	188.9	412.8	32	9.67	237	1253	☆
머니 포워드	3994	45.4	283.3	18	93.55	255	2154	○
PKSHA	3993	57.2	306.7	13	128.33	205	1013	
LINE	3938	1328.3	6929.7	63	48.48	16		
카티타스	8919	377	644.9	40	1.52	311	2466	☆
산산	4443	388.6	1347	38	5.78	103	2790	○
프리	4478	371	371.3	70	25	329	4554	○
JMDC	4483	173	766.3	40	32.54	218	2842	
제이타워	4485	108	309.7	43	63.75	398	2279	
베이스	4477	108	251.5	17.5	-6.92	1325	2479	○
야플리	4168	176	368.6	50	65.82	47	782	
플레이드	4165	240	590.9	82	99.38	49	1395	○
웰스내비	7342	197	517.1	50	50	97	1233	☆
카이젠	4170	66.2	177.4	35	1.74	65	241	☆

그런 전문가와 함께 상장 전부터 해외 기관투자자들에게 적극적으로 홍보해왔다.

따라서 북빌딩과는 별도로 상장 전부터 야플리는 세일즈포스, 플레이드는 구글의 출자를 받았다. 구글과 세일즈포스가 투자하는 일본 벤처기업이라면 향후 해외 기관투자자가 주목할 가능성이 크다고 생각한다.

일본의 주식시장은 세계에서도 손꼽히는 시장이라고 생각하는 사람도 있겠지만(물론 그것도 사실이다) 미국 주식시장을 담당하는 사람들은 일본인이 대만이나 필리핀 주식시장을 볼 때

느끼는 이미지로 일본시장을 보고 있지 않을까?

해외의 기관투자자들은 일본의 IPO에 기본적으로 크게 관심을 보이지 않는다. 하지만 새로운 감성을 가진 야플리와 플레이드의 경영자는 적극적으로 프레젠테이션을 하며 자사를 알리고 지명도를 높였다.

이런 IPO 전의 행동은 IPO 시에 좋은 조건을 끌어내기에도 유리하다.

신규 상장을 주간하는 증권사는 그 회사의 공모가를 미리 협상한다. 기업 경영자로서는 자신의 기업이 가능한 한 높은 주가부터 시작하기를 원한다. 주간사도 가능한 한 공모가를 높게 설정하고 싶은 마음은 굴뚝같겠지만 공모가가 너무 비싸면 상장 후 주가가 폭락해 투자자들이 이탈할 우려가 있다. 자신의 전문 분야가 아니라는 점도 있어서 공모가 협상은 기업 측이 칼자루를 쥐기가 쉽지 않다.

그런데 야플리와 플레이드의 경영자는 "아니, 우리는 구글 같은 회사들의 투자도 받았고 이렇게 좋은 평가를 받았다. 이 공모가는 너무 낮다. 해외 IT 관계자들의 평가는 이렇게 좋다!"라고 목소리를 냈을지도 모른다.

미국의 빅테크 기업에게 투자를 받았다는 점을 내세워 일본의 주간 증권사와의 협상에서 유리한 고지를 차지할 수 있었던 게 아닐까?

다시 말해 공모가를 높게 설정하는 데 성공한 것이다.

급증하는 해외 배분 비율이 높은 IPO

그런데 이것은 투자자에게는 불리한 점도 있다.

앞의 표의 좌측에 있는 공개 시 시가총액을 살펴보자. 그리고 우측에 있는 시가총액을 살펴보자. (2021년 2월 3일 기준) 이것을 보면 야플리의 공모가의 시가총액은 368.6억 엔, 플레이드는 590.9억 엔으로 출발 시부터 시가총액이 커서 출발점이 너무 비싸다고 할 수 있다.

예를 들어 프리(Freee)와 비교해보면 시초가가 너무 비싸서 향후 상승 여력이 적을 수도 있다는 우려가 된다. 프리의 시가총액은 371억 엔으로 야플리와 같은 규모이지만 당사의 매출액은 69억 엔이 예상되었다. 야플리의 매출액은 21년도 예상으로도 32억 엔에 불과하다.

해외 배분 비율 표는 시간순으로 되어 있으므로 프리(4478)가 마더스에 상장한 2019년 12월 이후, 해외 비율이 높은 기업 상장이 급속히 증가했음을 알 수 있다.

공모 규모가 큰 종목들은 상당히 많은데, 그중에서도 해외 비율이 높은 종목은 주가가 상승하는 경향이 보인다.

공개 규모(공모 규모)란 공모 매출을 말한다.

이 액수가 작을수록 유통되는 주식이 적기 때문에 주가를 올려 머니게임을 만들기 쉽다. 반대로 공개 규모가 큰 종목은 당장

주가가 오르지 않아서 개인투자자에게 인기가 없다. 그래서 시초가가 낮은 편이다.

그러나 최근 이러한 경향에 변화가 있었다. 작년 12월부터 야플리, 플레이드, 웰스내비(7342)는 상장 당일 높은 시가로 출발했다. 이것은 작년의 기업공개를 한 종목들이 상승한 것과 관련이 있을 것이다.

북빌딩 단계에서 해외 배분 비율이 70%인 프리가 국내 기관투자자에게는 인기가 없었음을 알 수 있다. 그러나 나는 2019년 12월에 IPO 한 프리, JMDC(4483), JTOWER(4485)를 상장 당일에 매수하기로 했다.

또한 해외 배분 비율이 높은 종목은 상장 후 상승률이 큰 편이다. 물론 10배를 넘은 것은 베이스뿐이지만 여기에는 특별한 사정이 있었다. BASE는 시초가가 공모가를 깨고 내려가 마이너스 6.92%로 시작했기 때문이다. 또 이 종목은 코로나 수혜주이기도 했다. 베이스 외의 종목도 모두 3배 이상으로 올랐다.

한편 **비글리(3981)**는 전자 만화 서비스를 하는 '만화왕국'을 운영하는 기업이다. (비글리의 해외 배분 비율은 4.7%) 성인물이나 폭력적인 장면이 담긴 동영상도 배포한다.

ESG의 관점에서는 적합하지 않기 때문에 나는 투자 대상에서 제외하고 있다. 또 만화 배포 서비스도 해적판이 많아서 고전하는 기업이 많다고도 한다.

산산(Sansan, 4443)은 별로 상승하지 않은 것처럼 보이지만 시초가에서 1년 반 사이에 두 배로 늘었으니 그렇게 나쁘지 않은 성과라고 생각한다. 이 종목의 성과가 저조한 이유는 시가총액이 크기 때문도 있다. 상장 당일에 1,347억 엔에 출발했다. 메루카리(4385)[18]와 라인(LINE)은 다른 회사들에 비해 유난히 규모가 컸다.

니시노식 벤치마크

나는 공모총액이 100억 엔 이상, 상장 당일의 시초가가 너무 높지 않고 적당히 눌러서 출발하며 매출이 증가하고 있는 종목을 추천한다. 또한 지금까지 설명한 바와 같이 북빌딩의 해외 비중이 높은 종목을 권한다.

이 표에 실려 있는 종목 말고는 해외투자자들이 북빌딩 단계에서 낙찰하지 않았다. 따라서 이 표는 외국인 투자자들이 북빌딩 시 선택한 종목이 얼마나 그 뒤 '성공적'이었는지 여실히 보여준다.

이 등식을 근거로 나는 많은 고객에게 **카티타스(8919)**[19], 산산, 프리, JMDC, JTOWER를 모두 상장 당일 시초가에 매수하게 했다.

---

18) 일본의 온라인 중고거래 플랫폼을 운영하는 기업
19) 일본의 주택 리모델링 기업

야플리의 기업공개 이후 우려하는 것은 앞서 말한 이유로 시작부터 주가가 높다는 점이다. 표 오른쪽의 '5% 해외'는 상장 후 3개월 이내에 해외 기관투자자가 총 발행 주식의 5% 이상을 매수한 종목으로 동그라미 표시를 해놓았다.

별(☆) 표시가 되어 있는 것은 커플랜드 카디프 애셋 매니지먼트(Coupland Cardiff Asset Management LLP)라는 영국 펀드가 5% 이상 매수한 종목이다. 이것은 IPO 상장 첫날부터 일본의 비인기 종목, 저가주를 특유의 '후각'으로 간파해 사들인다는 정평이 난 펀드다. 그 전형적인 예가 카티타스(8919)다.

중고주택을 매매하는 이 기업은 군마현에 본사를 두고 있는데 상장 당일 등락률이 1.5%였을 정도로 인기가 없고 공모 규모도 상당히 컸다.

일본인들은 중고주택을 사지 않으며 빈집대책에 효과가 있다고는 해도 인기를 끌지 못할 것이라고 혹평을 받았나. 나도 그렇게 생각했다. 카티타스는 공모 규모가 377억 엔이고 중고주택 관련 종목이라 상장 당일 공모가 아래에서 출발할 것이라고 예상했다. 하지만 시초가는 깨지지 않고 미미한 숫자라지만 공모가보다 높게 형성되었다.

나는 그때 뭔가 이상하다는 느낌이 강하게 들었다. 그 뒤 장을 마칠 때까지 주가는 급속히 올랐다. '왜 올랐을까?' 이 기묘한 현상의 이면에 무엇일 숨어 있을까? 북빌딩 시의 자료를 보면 해외투자자들이 플러스 마이너스 115만 주 증가한 907만 주를 취득한 것으로 나타났다. 일본의 기관투자자들에게 인기가 없었기 때문이다.

나는 소량 매수를 해서 상황을 좀 지켜보기로 했다. 얼마 후 커플랜드 카디프가 카티타스의 주식을 대량 보유하고 있다는 주식 대량 보유 보고서(5% 룰 보고서)를 재무국에 제출했다는 발표가 났다. 그 후 주가는 4배로 뛰었다.

이에 앞서 커플랜드 카디프는 당초 상장 당일 등락률이 9.6%로 부진한 편이었던 라쿠스루(4384)[20]를 매수했고 이후 주가는 3.3배 상승했다.

그 후 커플랜드 카디프는 도쿄증권 마더즈의 웰스내비 (WealthNavi. 7342)에 대해서 2021년 1월 7일자로 재무국에 주식 등의 대량 보유 상황 보고서(5% 룰 보고서)를 제출했다. 그와 함께 카이젠 플랫폼(4170)도 보고서를 제출했다. 이러한 성과를 보면서 나는 이 회사의 동향을 주의 깊게 살펴보고 있다.

우리는 또 '5% 국내' 주식에도 주목하고 있다. 즉 IPO 후 3개월 이내에 노무라투자신탁이나 야마토투자신탁 등 국내 기관투자자가 5% 이상 주식을 산 종목이다.

또한 중소형주 전문 운용사로 정평이 난 레오스 캐피탈웍스가 운용하는 투자신탁 히후미투신이 IPO 직후에 매수한 종목이다.

실은 예전에 히후미투산을 주목했던 적도 있었다. 이곳은 개

---

20) 인터넷 인쇄 및 운송 서비스를 운영한다.

인투자자를 중심으로 충성도가 높은 고객들이 있다. 모회사인 레오스는 2018년 12월, 마더스 상장을 예정하고 있었지만 갑자기 연기하게 되어 2020년 4월, SBI홀딩스의 연결자회사가 되었다.

히후미투신이 선정하는 종목에는 당연히 나도 좋다고 생각하는 종목도 있는 반면 커플랜드처럼 '왜 여기서 매수하는 걸까?' 하고 의문을 갖게 하는 종목도 있다. 물론 내 생각이 백 퍼센트 맞는 것은 아니므로 자신의 가정과 답을 재확인하는 의미에서 겸손한 마음으로 히후미투신이 산 종목을 확인하기도 했다.

또 반대 의미도 있다.

그들이 5% 이상 대량 보유한다는 것은 주가가 상승하면 매도 물량으로 나올 가능성도 있기 때문이다. 그런 의미에서도 5% 룰을 확인하는 것은 소홀히 하지 말아야 한다.

최근에는 히후미투신이 인기를 얻어 잔고가 늘면서 예전만큼 중소형수에 투자하지 않는듯한 느낌이다. 덩치가 커졌으니 당연하다면 당연한 일이지만 다소 아쉬운 생각이 든다.

출구전략으로 어려움을 겪는 투자신탁과 펀드

일본의 주요 투자신탁과 대형 펀드가 중소형 성장주에 대한 투자를 꺼리는 것은 살 때는 좋아도 팔 때 어떻게 할 것인가, 다시 말해 출구로 빠져나가기 어려워서가 아닐까.

중소형주의 경우 대량 매수했다가 대량 매도하면 이익을 얻기는커녕 스스로 주가를 떨어뜨릴 가능성이 크다.

펀드 규모가 작을 때는 그래도 괜찮지만 인기를 끌면서 덩치가 커지면 출구전략을 제대로 세우는 것은 정말 어려울 것이다.

만일 신흥기업으로 구성된 일본의 마더스 지수(Mothers index)가 무너지면 대형 펀드나 해외투자자가 대량으로 사들인 종목은 그보다 더 떨어질 것을 각오해야 한다. 지금은 그와 반대로 마더스가 약진하고 있어서 문제가 없지만 약세장으로 돌아설 경우를 대비해 이 점은 꼭 명심해야 한다.

또 나는 평소에 야마토 스미토모투자신탁 고문이자 펀드매니저인 니가우리 다쓰로 씨가 운용하는 '일본 중소형주 펀드'와 '야마토 스미토모 일본 소형주 펀드' 종목에 관심을 갖고 확인한다.

작년 11월 말에 이 펀드를 사들이고 있던 것이 코프로홀딩스(7059)였다. 건설업계를 대상으로 한 인재파견 업체로 나는 그다지 좋은 이미지를 갖고 있지 않았지만, 플랜트 전문 지사를 설립하여 플랜트 엔지니어 파견사업을 강화하고 여성 지사장을 발탁하는 등 상당히 흥미로운 기업이었다.

여기에서 다시 한번 확인하자.

주가 상승력을 갖춘 중소형 성장주의 공통점은 매출이 쭉쭉 늘고 있다는 점이다. 적자여도 매출 자체는 힘차게 성장하고 있다. 매출 성장은 곧 성장력의 규모를 입증한다.

매출이 늘지 않거나 매출 신장률이 좋지 않은 신흥기업은 대개 매수 대상에서 제외한다. 무엇보다 매출이 크게 늘고 있는가. 이것이 필수 조건이다.

하지만 앞서 언급했듯이 모달리스와 같은 바이오 벤처는 예외다. 이들 대부분은 파이프라인을 공유하는 제약회사로부터 라이센스료를 얻어 연구하기 때문에 아직 제품을 판매해 매출을 낼 단계에 이르지 못하는 경우가 많다.

따라서 바이오 기업을 볼 때는 어떤 연구를 하고 그것이 얼마나 성공할 것인지를 우선순위에 둔다.

미국과 중국의 대립 속에서 다시 존재감을 드러낸 일본

미국과 중국 간의 패권 다툼이 근래 들어 더욱 격화되고 있다. 바이든 행정부가 들어선 뒤에도 이런 흐름은 변하지 않았다. 영국과 독일은 항공모함을 인도·태평양지역으로 파견해 미국, 일본 등과 연합훈련을 실시하고 있는데 이전에는 한 번도 없었던 일이다.

경제면에서 중국에 의존했던 유럽도 동남아시아를 세력 하에 넣으려는 중국에 대한 태도를 바꾸고 있는 것으로 보인다. 요약하자면 유럽은 민주주의 위기를 보고 무거운 엉덩이를 뗀 셈이다.

이는 미국의 뜻과 궤를 같이한다.

얼마 전 미얀마에서 국군이 쿠데타를 일으켜 서방 국가들로부터 거센 비난을 받았는데, 국군의 배후에는 중국의 그림자가 엿보인다.

세계는 이제 미국과 중국이라는 두 세력으로 나뉘어 있다고 해도 과언이 아니다.

미국을 중심으로 한 민주주의 사회와 중국을 중심으로 한 공산주의 사회 중 어느 쪽이 더 나은가? 지금 개발도상국과 작은 국가의 지도자들은 미중의 각축전을 숨죽이고 주시하고 있을 것이다.

다양한 논쟁이 부딪쳐 결론이 나지 않는 민주주의보다 국민을 엄격한 통제하지만 경제적 번영을 이룬 중국식 독재주의가 더 효율적이지 않을까? 개발도상국과 빈곤한 나라의 지도자들이 이렇게 생각해도 이상할 게 없다.

학적 관점에서 일본의 중요성이 다시 부각될 수도 있다. 섬나라여서 공격받기 어렵고 미국과 동맹관계를 맺고 있는 일본의 존재가 주목을 받기 시작한 것 같다. 일본도 거품 경제 시절 일본도 소련과 중국에 대한 미국의 전투기지로써 지정학적 존재감이 있었던 것 같다. 일본의 거품 경제가 붕괴한 것은 소련 붕괴로 인해 미국에 대한 일본의 중요성이 사라진 것과 무관하지 않다고 생각한다. 그리고 지금 미·중 갈등으로 일본의 중요성이 다시 커지고 있다.

하지만 미중 대립은 일본에도 바람직하지 않은 부분도 있다. 코로나 이후 경제 회복을 꾀할 때 중국에 의존하는 부분이 있기 때문이다. 하지만 일본은 동맹국인 미국에 보조를 맞춰야 한다.

미국은 앞으로는 일본에 협조를 요청할 가능성이 크다고 나는 생각한다. 후세가 지금을 본다면 미국 제국주의 시대라고 평가하지 않을까? 실제로 제2차 세계대전 이후 미국에 맞섰는데 번영한 나라는 찾아보기 힘들다. 미국과 어깨를 나란히 하는 강대국인 소비에트연방조차 붕괴했다. 그로 인해 일본의 중요성은 사라졌다. 하지만 그 무렵의 일본은 미국의 엠파이어스테이트빌딩을 매수하고 《NO라고 말할 수 있는 일본》이라는 책을 출판하는 등 일본이 세계 제일의 경제대국이 되었다고 착각하며 미국에서 멀어진 게 아닐까. 지금 세계는 평화롭고 모든 나라가 평등한 관계라고 생각하지만 일본은 로마제국 시대의 카르타고에 지나지 않는지도 모른다. 언젠가 일본은 미국이냐 중국이냐 어느 한쪽의 진영에 들어가도록 선택해야 할 날이 찾아올지도 모른다.

제6장

눈을 뗄 수 없는
성장주

지금이 한창인 SaaS, 구독 관련 종목

요즘 주식시장에서 가장 인기 있는 종목은 전자상거래와 '집콕' 생활에 잘 맞는 SaaS(서비스형 소프트웨어) 관련 종목이다. 간단히 말해 SaaS는 클라우드를 통해 소프트웨어를 제공하는 비즈니스 모델이다.

초기 비용이 큰 기존의 소프트웨어를 구매하는 대신 구독(정기 과금)형 과금 시스템이 사용자들에게 환영받고 있다. 이 책에서도 여러 번 언급된 베이스가 작년에 SaaS로 인기를 끌었다.

참고로 지금 현재 내가 주시하는 몇몇 기업을 공개하겠다.

우선은 고성장 기업부터 시작하겠다.

카이젠 플랫폼(4170)

이 기업은 플레이드와 유사한 사업을 한다. 웹 사이트의 UI/UX(User Contact/User Experience) 개선 서비스 제공 및 광고·영업·판매홍보 영상 제작 지원을 통해 고객 체험의 디지털 전환을 추진한다. 실적도 좋고 영업이익도 흑자로 전환했다. 2021년의 실적 전망도 좋다.

이 회사는 직원이 적은데도 1만 명의 가입자를 보유하고 있다. 서비스 제공 가격이 낮은 편이기 때문이다. 영상 솔루션 분야도 잘 되고 있다. TV 광고뿐만 아니라 매장 내 모니터에서 내보내는 영상을 몇만 엔에 제작해주는 서비스도 인기가 있다.

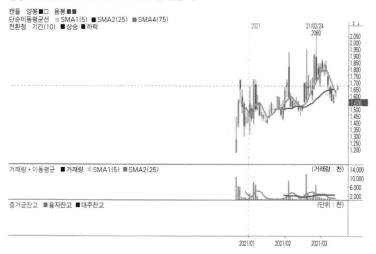

카이젠 플랫폼(4170/T)

일봉 2020/12/22~2021/03/11 (53개) 캔들 차트

캔들 양봉■□ 음봉■■
단순이동평균선 ■SMA1(5) ■SMA2(25) ■SMA4(75)
전환점 기간(10) ■상승 ■하락

    내 생각에 이 회사의 가장 큰 장점은 비록 플레이드보다 기술
적인 면에서의 서비스는 조금 떨어지지만 중소 영세 기업에 광범
위한 서비스를 제공할 수 있는 것이다. 저평가된 중소형주 투자
로 유명한 커플랜드 카디프 애셋 매니지먼트가 상장 후 지분을
9.13% 보유하고 있다는 점도 주목할 만하다.

    주가는 상장 당일 비교적 낮은 가격에서 출발했다. 시초가는
공모가의 1.74% 상승한 가격이었고 2021년 3월 현재는 1.5배 더
높은 가격에서 거래되고 있다.[21]

---

21) 카이젠 플래닛의 주가는 2021년 4월 22일 최고가 2,571엔을 찍고 하락해
    21년 5월 17일 1,499엔까지 떨어졌다가 횡보하고 있다.

카이젠 플래닛의 주식을 골드만삭스가 공매도하는 것으로 화제가 되었는데 주가가 오르지 않는 것에는 이런 이유도 있을 것이다. 2020년 11월부터 일본 IPO 종목의 주가가 상당히 오르자 세계의 기관투자자들이 단기로 공매도를 하여 주가를 떨어뜨리고 있는 것이다.

주가가 떨어지면 이번에는 재매수로 이어질 것이다. 어떻게 보면 상대를 괴롭히는 매매법이라 할 수 있다.

산산(Sansan. 4443)

일본의 유명 배우 마쓰시게 유타카가 출연한 TV 광고로 잘 알려진 클라우드형 명함관리 서비스가 주력 사업인 SaaS기업이다. 2021년 1월, 도쿄증권거래소 1부로 이전 상장했다. 도장 문화에서 탈피하는 흐름에 편승한 대표적인 종목이다.

클라우드 청구서 수령 서비스인 빌 원(Bill One)이 호조를 보이고 있으며, 변호사닷컴이나 간조부교 클라우드[22]와도 제휴 사업을 시작했다.

산산은 2021년 2월부터 종이 청구서를 대신 보관하는 서비스도 추가했다. 청구서는 법률로 정해진 7년간 원본을 보관해야 하고 그 후에야 폐기할 수 있다. 모든 기업이 청구서 보관 및 폐기 사업을 운영할 수 있는 것은 아니며 전자장부보존법을 준수해야

---

22) 오빅비즈니스컨설턴트가 제공하는 클라우드형 회계시스템

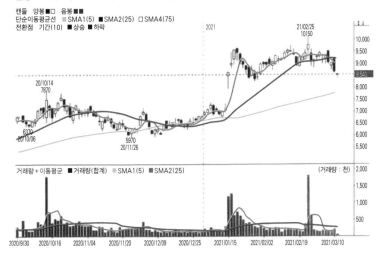

산산(4443/T)

일봉 2020/09/30~2021/03/11 (110개) 캔들 차트

한다.

국내에서 시가총액이 큰 SaaS 관련 기업 중 하나인 라쿠스의 조사에 따르면, 2020년 10월 기준으로 80%의 기업이 전자 장부 보존법에 대응하고 있지 않았다. 산산은 아직 전자장부보존법에 대응하지 않는 기업의 청구서 디지털화를 지원할 예정이다.

스마레지(Smaregi Ing. 4431)

POS 데이터를 활용하여 소매점, 음식점, 서비스업 등 다양한 업태에 실시간 매출 분석, 정확한 재고 관리 등 기존 POS 시스템의 틀을 뛰어넘은 서비스를 제공하는 클라우드형 플랫폼 서비

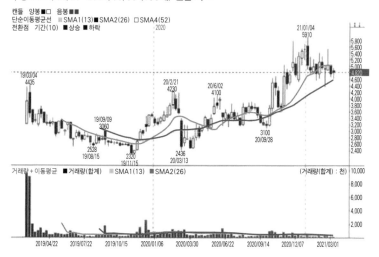

스마레지(4431/T)
주봉 2019/02/28~2021/03/08 (106개) 캔들 차트

스 회사다.

수집한 데이터는 스마트폰 및 태블릿 앱과 연계하여 사용할
수 있다.

또한 요즘 식당에서 흔히 보는 태블릿 형태의 주문 시스템, 스
마트폰으로 주문을 할 수 있는 '스마레지웨이터'와 근태 정보를
이용해 급여계산, 교대근무 관리, 일별 보고서, 프로젝트 관리
기능 등 인사 노무 기능도 추가할 수 있는 스마레지타임카드 등
도 제공하고 있다.

구독 매출액은 코로나바이러스에도 불구하고 2Q전 4분기에
107% 증가하며 순조롭게 상승하고 있다. 구독 해지율도 0.61%로
낮은 편이다.

점포 수가 적어서 POS 시스템 도입이 늦어진 77만 중간 규모 점포가 대상이며 30~40%의 시장 점유율을 목표로 하고 있다. (현재 2.2%)

코로나 이후에는 경제활동이 점차 회복될 것이며, 따라서 기존의 성장 속도를 회복할 것으로 기대한다.

로보어드바이저 최대 기업의 가능성과 새로운 동향

[웰스내비(WealthNavi. 7342)]

당초 예상보다 많이 팔리는 것이 로보어드바이저(로봇투신) 최대 기업인 **웰스내비(7342)**로 업계 점유율 70%를 자랑한다. 예치 자산의 1%를 수수료로 받는 구조인데 해약률이 1% 미만으로 낮아 예치된 자산은 계속 증가하고 있다.

구독 서비스 모델과 유사한 매출 구조로 금융업계로써는 전례 없는 비즈니스 모델이다. 기업 홈페이지에 예치자산이 100억 엔 증가할 때마다 발표하는데, 2020년까지 25~30일의 페이스였던 것이 2021년에는 10~15일의 페이스로 증가하고 있다.

증권사와 다른 점은 애널리스트, 펀드매니저 등 비용이 많이 드는 사람이 필요 없다는 점이다. SBI와도 제휴되어 있기 때문에 온라인으로도 쉽게 신청할 수 있어 젊은 층에게도 인기가 좋다.

웰스내비(7342/T)

일봉 2020/12/22~2021/03/11 (53개) 캔들 차트

캔들 양봉■□ 음봉■■
단순이동평균선 ■SMA1(5) ■SMA2(25) □SMA4(75)
전환점 기간(10) ■상승 ■하락

21/01/05
3395

21/02/16
3250

2503
21/01/29

3,300
3,200
3,100
3,000

2,850

2,700
2,600
2,500
2,400
2,300
2,000
2,000
1,900
1,800

거래량+이동평균 ■거래량 ■SMA1(5) ■SMA2(25)　　(거래량 : 천) 20,000
15,000
10,000
5,000

증거금잔고 ■융자잔고 ■대주잔고　　　　　　　　　(단위 : 천) 120
80
40

2021/12/25　2021/01/15　2021/02/02　2021/02/19　2021/03/10

주식시장이 좋아서 자금 유입이 빨라지고 있는 측면도 있다. 2021년 2월 15일, 웰스내비의 운용자산은 3,700억 엔을 놀파했다. 광고비와 인건비 등 투자비용이 먼저 투입되기 때문에 당기순이익은 적자를 면치 못하고 있지만 투자 대상으로 손꼽히는 금융주가 많지 않아 그 대상이 될 가능성이 있다는 점도 매력적이다.

적자인데다 SaaS 관련도 아니어서 상장 전 이 기업의 평판은 좋지 않았다. 그래서 시초가가 공모가보다 잘해봐야 20% 정도 높은 가격에서 시작할 것으로 보았다. 그런데 시초가가 1.5배나 올랐다.

이런 경우는 좋은 의미에서 요주의다.

여러 번 언급했듯이 공모 규모가 작다면 머니게임이 될 가능성이 있으므로 그 기업의 업계를 살펴봐야 한다. 그런데 동사는 비교적 공모 규모가 큰 편이었다. 그러한 종목이 상장 당일 50%나 오른 주가로 출발했다는 것은 일반적인 평가와 다른 관점에서의 평가를 받고 있는 경우가 있다. 이럴 때 민감하게 '이상하다'고 느껴야 한다. 신문 등 일반 매체와 다른 새로운 평가를 받을 수 있기 때문이다.

결국 웰스내비의 주가는 상장 한 달 만에 3배가량 올랐다. SaaS 기업은 아니지만 예치 잔고가 급속히 증가하고 있는 웰스내비는 그와 같은 카테고리를 적용해도 좋지 않을까? 예치 잔고에 따라 정해진 신탁 보수를 받을 수 있기 때문이다.

나는 이 종목을 매수한 고객에게 이렇게 말했다.

"이 종목은 팔지 않는 게 좋겠습니다. 금융 섹터에는 매수할 만한 종목이 적기 때문에 기관투자자가 매수할 가능성이 있으니 오히려 추가 매수해서 비중을 늘리시죠."

웰스내비가 높이 평가받는 이유는 민카부[23]와 유자베이스 등 앞서 말한 새로운 금융 섹터 흐름의 일환이라 할 수 있다. 향후 이와 유사한 기업의 IPO가 있는 경우 주의 깊게 살펴보자.

---

23) 민카부 디 인포노이드(MINKABU THE INFONOID, Inc.) 일본의 금융 소셜 미디어 기업으로 주식 정보 사이트 민카부(MINKABU)를 운영한다. 민카부는 '모두의 주식'이라는 뜻이다.

사실은 '새로운' 비즈니스 모델을
갖고 있던 암비스

[프리미어안티에이징(Premier Anti-Aging, 4934)]

2020년 10월, 마더스에 상장한 기초 화장품 팹리스[24] 기업으로 밤 타입의 오가닉 클렌징의 선두 주자다.

이곳은 프로모션이 매우 능숙하다. 킨키키즈를 주력 상품인 클렌징 밤 'DUO'의 TV 광고에 기용하고 자매 브랜드인 카나델(CANADEL)에 요네쿠라 료코를 기용해 화제를 모았다.

TV 광고로 인지도를 올리고 이커머스를 통해 매출을 늘리는 동시에 실제 매장 매출을 늘리는 선순환 구조를 확립했다. 전분기 말 카나델 매장은 600여 곳이었고 작년 가을에는 8,000여 곳으로 급증했다.

많은 팹리스 화상품 경생 업체가 많은 가운데, 이 회사는 놀라운 성장으로 다른 업체와 차별화되었다. 전년 대비 매출은 28.5%, 영업이익은 34.1% 증가할 것으로 예상되어 잠정 실적이 상향조정되었다. 이 기업은 홍보도 잘하고 나름의 노하우를 갖고 있다. 또 국내에 안주하지 않고 중국까지 확대되는 추세하면 향후 새로운 성장을 기대할 수 있다.

---

24) 생산 공장(fabrication facilities)을 보유하지 않는(=less) 기업을 말한다. 비용 삭감과 생산 효율화 효과를 기대할 수 있다.

[암비스홀딩스(Amvis Holdings Inc. 7071)]

앞서 언급했듯이 의료시설형 호스피스 '의심관'을 운영하는 기업이다.

2021년 2월, 10% 가까운 증자를 한 일로 주가는 6,000엔 부근까지 하락했다. 다만 근래 엄청난 속도로 매출을 늘리고 있으므로 조정은 좋은 기회가 될 수도 있다.

만성기, 종말기의 간호 서비스에 특화한 기업이다. 고령으로 죽음을 맞이하는 사람이 많아진 사회가 되면서 보험재정이 악화되는 가운데, 국가는 병원 입원에서 재택의료나 방문간호로 방침을 전환하고 있다.

중환자는 병원에서 쫓겨나면 갈 곳이 없다. 요양시설에는 간호

암비스홀딩스(7071/T)
주봉 2019/10/09~2021/03/08 (75개) 캔들 차트

사가 부족해서 관리가 불가능하다. 또한 집에서 간호하려 해도 핵가족 1인 가구가 많아 제대로 돌볼 수 없는 경우가 많다.

그런 상황에서 받침대가 되어 주는 것이 암비스와 같은 의료 시설형 호스피스다. 종말기 환자를 간호하려면 간호사가 필요하고 문제도 발생하기 쉽기 때문에 그에 대한 전문 시설이 있어야 한다. 의심관은 24시간 주차 체제를 갖추고 모두 간호사 자격을 갖고 있다.

이 기업이 자스닥에 상장했을 때, 시장은 프리미어 요양원으로 잘못 평가했던 것 같다. 실제로는 새로운 비즈니스 모델을 이끈 새로운 업태였던 것이다.

암비스는 호스피스 시설을 전년 9에서 11로 확대했다. 향후 3년은 연간 10개소씩 개설할 계획이다. 현재 40개 시설의 가동률은 80% 이상이라고 한다.

암비스의 경우에는 사회적 의의도 있으므로 ESG 투자, SDGs(지속 가능한 개발 목표) 투자에 대한 자금 유입도 예상되므로 앞으로도 긍정적으로 기대할 수 있다.

약시와 시각장애인에게 희소식

[QD레이저(QD Laser. 6613)]

2021년 마더스에 첫 번째로 상장한 기업이다.

QD레이저는 2006년 후지쓰연구소의 스핀오프 벤처로 시작한 반도체 레이저 업체다. 망막에 직접 영상을 투사하는 레이저 아이웨어(LEW)를 개발·판매한다. 이 기술은 레이저로 망막을 직접 비추고 카메라에 무엇이 찍혔는지 핀트를 맞추기 때문에 약시 또는 시각장애인에게 희소식을 준다. 가격은 80~90만 엔선이다.

이 망막 스캐닝 레이저 안경 출시는 사회적으로 매우 중요한 의미를 지닌다. 유럽에서 이미 임상 실험을 마쳤고 의료기기로 인증되었다.

한편 민간용인 레티사 디스플레이 2(RETISSA Display II)도 동시에 출시되었다. 예를 들어 미술관에서 이 안경을 착용하면 아이웨어 모니터가 현장에서 자세한 설명을 해준다. 그 밖의 사용

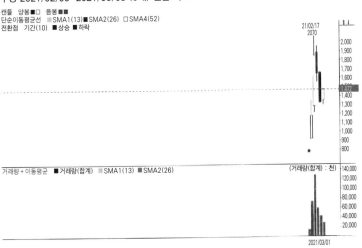

QD레이저(6613/T)
주봉 2021/02/05~2021/03/08 (6개) 캔들 차트

캔들 양봉■□ 음봉■■
단순이동평균선 ■SMA1(13)■SMA2(26) □SMA4(52)
전환점 기간(10) ■상승 ■하락

거래량＋이동평균 ■거래량(합계) ■SMA1(13) ■SMA2(26)

법도 다양하다. 가격은 25만 엔선이지만 양산화가 진행되면 10만 엔 이하가 될 것으로 제시한다.

QD 레이저는 상장 당일 공모가(340엔)의 2.3배인 797엔을 기록했고, 이틀째에는 상장 2영업일째에는 920엔까지 올라 상한가를 찍었다. 2주 만에 2,000엔 최고가를 기록하고 조정에 들어가 1,500엔 정도까지 떨어졌다.

이 기업의 공모가는 시가총액 100억 엔 정도로 대단히 규모가 작은 편이다. 아직 매출도 9억 엔 정도다. SaaS 관련 기업처럼 15억 엔, 20억 엔으로 안정적으로 늘고 있는 편은 아니다.

하지만 사업 내용을 보면 대단히 유망한 장래성을 갖고 있다. 제품 양산화에 성공해서 가격이 안정되면 주가도 흥미로운 양상을 보일 것이라 생각한다.

[FFJ(7092)]

패스트 피트니스 재팬(Fast Fitness Japan)은 2020년 12월, 마더스에 상장한 24시간 프랜차이즈 피트니스 클럽(애니타임 피트니스)을 운영한다.

24시간, 저렴한 가격, 머신 특화형 시설이 특징이다. 회원은 일본 내 모든 점포와 전 세계 4,800개 점포를 추가 요금 없이 이용할 수 있는 것이 가장 큰 장점이다. 단점을 들자면 시설 면적이 좁다는 것을 들 수 있다.

사실 2020년 3월에 상장 예정이었지만 코로나의 영향으로 시

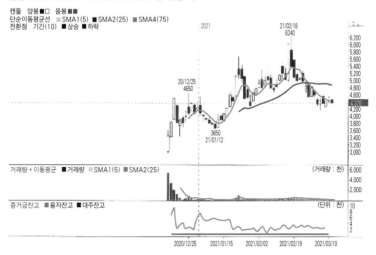

패스트 피트니스 재팬(7092/T)

일봉 2020/12/16~2021/03/11 (57개) 캔들 차트

캔들 양봉■□ 음봉■■
단순이동평균선 ■SMA1(5) ■SMA2(25) ■SMA4(75)
전환점 기간(10) ■상승 ■하락

2021

21/02/18
6240

20/12/25
4650

3650
21/01/12

6,200
6,000
5,800
5,600
5,400
5,200
5,000
4,800
4,600
4,370
4,200
4,000
3,800
3,600
3,400
3,200
3,000

거래량 + 이동평균 ■거래량 ■SMA1(5) ■SMA2(25)　　　(거래량 : 천)

6,000
4,000
2,000

증거금잔고 ■융자잔고 ■대주잔고　　　(단위 : 천)

10
8
6
4
2

2020/12/25　2021/01/15　2021/02/02　2021/02/19　2021/03/10

세가 폭락하면서 12월로 연기되었다.

원래 61억 3,000만 엔의 공모증자를 할 예정이었지만 38억 5,000만 엔(흡수액)으로 줄었다. 시가총액도 321억 2,000만 엔으로 시작하기로 되어 있었는데, 3분의 2 정도인 201억 8,000만 엔의 저렴한 수준으로 시작했다. 우리는 상장 당일 시초가로 매수하기로 했다.

코로나의 영향으로 이번 시즌은 수익이 크게 줄었고 회원 수도 감소했다. 하지만 지난해 하반기에는 하락세가 멈추고 반등세로 돌아서며 안정세를 되찾았다.

그러나 코로나 확산에도 불구하고 점포 수는 증가하고 있다.

점포 수는 지난해 4월 이후 6개월 만에 93개가 늘어 829개가 되었다.

10월부터 2021년 3월 말까지 87개 점포를 늘릴 예정이다. 게다가 2020년 4월 이후 FC 탈퇴는 0건이다. 주가는 '애프터 코로나'를 바라보고 움직이므로 2021년 하반기부터는 다시 성장세로 돌아설 가능성이 있다.

10년 전 회사가 일본에서 첫 삽을 떴을 때만 해도 일본에서 헬스클럽은 성공하지 못한다는 고정관념에 냉담한 시선을 받아야 했다. 하지만 이 회사가 성공하자 동종업체들도 진입했다.

2020년 실적(2021년 3월 말 결산)은 당초 전망보다 상향 조정되었고 주가는 소폭 상승하며 코로나가 사라진 뒤의 세상을 좇고 있다.[25)

안정적인 우량기업을 노리는 것도 나쁘지 않다

이제부터는 안정적 성장기업을 소개하겠다.

[STI푸드홀딩스(2932)]

STI푸드홀딩스는 2020년 9월 도쿄거래소 2부에 상장한 수산

---

25) FFJ는 3월 이후 상승세를 타면서 5월 27일 6,550엔(고가)을 기록한 뒤 2021년 7월 4,500엔 선에서 조정받고 있다.

가공업체로 유니클로와 니토리처럼 원료 매입에서 제조에 이르는 전 과정을 처리하고 있다. 편의점 세븐일레븐 납품이 80%인 것이 가장 큰 특징이다.

세븐일레븐 매장이 변화하고 있다. 채소 판매 면적이 상당히 늘어났다. 세븐일레븐에서 파는 다양한 구운생선팩, 주먹밥 재료는 전부 이 업체가 납품한다. 그중에서도 2020년에 특허를 낸 연어후레이크는 대단히 좋은 평가를 받고 있다.

타사가 갖지 못한 기술력을 갖고 있으므로 세븐일레븐에 대해 가격협상력이 강한 것이 강점이다.

M&A 등으로 10개의 공장을 보유하고 있으며 앞으로는 서일본지역의 세븐일레븐을 대상으로 매출을 상당히 증대할 계획이

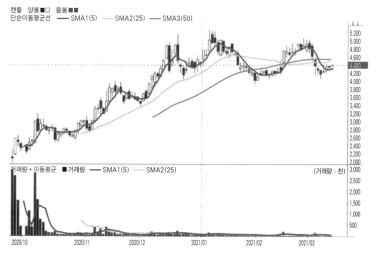

STI푸드홀딩스(2932/T)

일봉 2020/09/25~2021/03/11 (113개) 캔들 차트

다. 현행 PER은 25배 정도이다. 동사는 화려한 맛은 없는 업종이지만 나는 안정적인 우량기업이라고 본다.

공동 제품 개발을 목적으로 칼디(KALDE)가 SIT에 출자한 것도 주가 상승 재료가 될 수 있다.

[드래프트(5070)]

디자인 오피스를 설계·시공하는 회사다.

2000년대에 구글이나 페이스북이 채용한 디자인 오피스가 현재 세계적인 시류가 되었다. 일본에서도 사이버에이전트, 야후 등의 신흥기업을 중심으로 채택하고 있다.

코로나 확산으로 직원들의 재택근무가 늘어난 결과, 비어있는

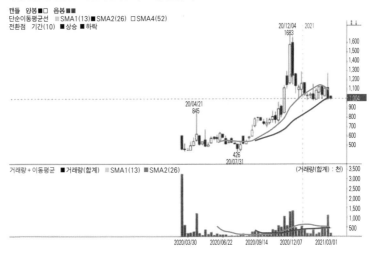

드래프트(5070/T)
주봉 2020/03/17~2021/03/08 (52개) 캔들 차트

본사 공간을 여유 있는 디자인 오피스로 리모델링하는 기업이 늘어나고 있다. 근로방식 개혁이라는 동향에도 편승한 업체다.

이 회사의 경영자는 일본의 부동산 개발 및 관리 기업인 미쓰비시지쇼의 고문이다. 대형 빌딩의 현관이나 테라스, 소비자가 가보고 싶게 만드는 상업빌딩의 디자인을 하청을 받고 있다고 IR 담당으로부터 들었다. 대형 프로젝트가 증가하고 있다. 안정적인 성장한 기업으로 주목하고 있다.

[유피알(7065)]

제1장에서도 다루었던 기업인데, 다시 한번 주목할 만하다. 동사는 매년 운반용 팔레트를 대량 구입해 수요가 증가하고 있는 팔레트 리스 사업을 하고 있다.

근로 방식 개혁의 일환으로 정부는 기업들에게 운수종사자에게 부담을 주지 않도록 기계화하도록 장려해 지게차를 이용하는 경우가 급증했다. 당연히 팔레트에 대한 수요도 증가할 것이다.

또한 동사가 개발한 지원복을 전자제품 양판점인 빅카메라에서 판매하고 있다. 팔레트 리스업의 부대 서비스로 앞으로도 증가할 것으로 보인다.

[돈(DAWN. 2303)]

재해 방지 중심의 클라우드 서비스가 주력 사업이다. 소방서용 클라우드형 긴급 신고 시스템인 NET119가 꾸준히 늘고 있다. 일본 전국에 720개의 소방 자치 단체가 있으므로 수시 도입을 기대할 수 있다.

지방자치제 등은 물품 및 시스템 채택 실적이 수반되지 않으면 신규 채용을 하기 곤란하다. 그 점에서 이미 실적을 올린 동사에 플러스 점수를 줄 수 있다.

신개발 영상통보 시스템(Live110)의 시험 운용을 하고 있다. 이 것은 사고나 도난 현장에 있던 사람이 스마트폰으로 촬영하여 110번(한국의 경우 119)으로 보낼 수 있는 시스템이다. 사건 조기 해결과 증거 수집에 활용된다.

경찰은 일관 도입을 위해 채택이 결정되면 전국의 경찰서에서 Live110 시스템을 쓰게 된다. 2021년 상반기에 입찰 예정이며, 채

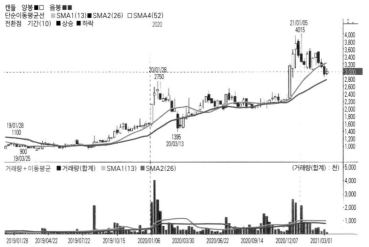

돈(2303/T)
주봉 2019/01/07~2021/03/08 (113개) 캔들 차트

택될 가능성이 크다.

[닛폰컨셉(9386)]

액화가스 국제물류기업이다. 상장 이후 드라마틱하진 않지만 꾸준히 주가가 오르고 있다. 액체화물은 일반적으로 드럼통으로 운반된다. 하지만 동사는 국제물류의 글로벌 스탠더드인 '탱크 컨테이너'를 이용해 해상과 육상으로 수송하고 있다.

앞으로 수소와 암모니아 수송량이 늘어날 것으로 예상되므로 성장기를 맞이할 가능성이 크다. 자사의 글로벌 네트워크를 활용해 편도 운임으로 수송할 수 있으므로 클라이언트의 물류비용 절감에 크게 기여한다.

닛폰컨셉(9386/T)
주봉 2019/01/07~2021/03/08 (113개) 캔들 차트

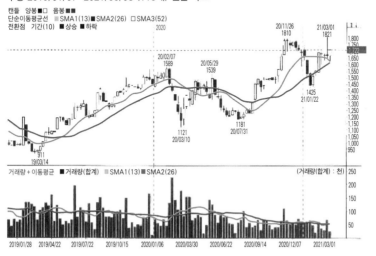

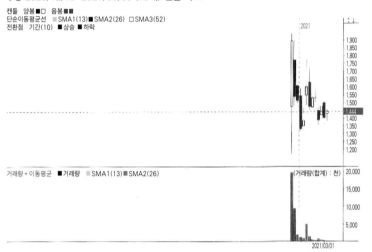

빙홀딩스(9145/T)

주봉 2020/12/15~2021/03/08 (13개) 캔들 차트

캔들 양봉■□ 음봉■■
단순이동평균선 ▬SMA1(13)■SMA2(26) □SMA3(52)
전환점 기간(10) ■상승 ■하락

거래량 + 이동평균 ■거래량 ▬SMA1(13)■SMA2(26)

[빙홀딩스(Being Hoidings. 9145)]

이시카와현에 본사를 둔 생활물자에 특화한 3PL(물류 일괄 수탁) 사업을 한다. 북쪽지역을 기반으로 차츰 전국으로 확장하는 중이다.

2020년에는 지바현과 교토부에 물류센터를 신설했다. 물류창고를 거점으로 함으로써 비용 경쟁력이 강한 편이다. 이커머스가 신장하는 현 상황을 감안하면 물류 신흥 IPO 주로 평가받을 것을 기대하며 주의 깊게 살펴보는 중이다.

성장 조건을 충족하는 중소 소형주

다음은 중기 상승 추세를 이어가는 중소 소형주를 살펴보자.

[리타리코(LITALICO. 7366)]

장애 없는 사회를 만들겠다는 비전을 내걸고 일하기 힘든 사람들을 대상으로 취업 노동 지원 서비스 리타리코 웍스(LITALICO 웍스), 학습장애 아동을 대상으로 한 맞춤형 학습교실 리타리코 주니어(LITALICO 주니어) 등을 운영한다.

2016년부터 발달장애 포털사이트 '리타리코 발달 내비'를 운영하며 월 방문 건수는 328만 명에 달한다.

또 장애인을 위한 취직 정보 사이트 '리타리코 시고토 내비'와 장애 복지 분야에서 일하고 싶은 사람을 위한 이직 서비스 '리타리코 커리어' 등을 운영하고 있으며, 매장 수를 지속적으로 확대하고 있다.

온라인 사업도 호조를 보이며 8분기 연속 매출과 이익을 늘리고 있다.

SaaS 강화를 위해 당사는 후쿠시소트프사[26]를 완전 자회사로 편입했다. 당연히 사회적으로 중요한 비즈니스이므로 ESG 투자나 SDGs 투자 대상이 될 가능성도 있다.

---

26) '후쿠시서비스'란 복지 서비스라는 뜻으로 복지 서비스 사업소를 대상으로 개호(간호) 보수 청구 애플리케이션을 개발하고 판매한다.

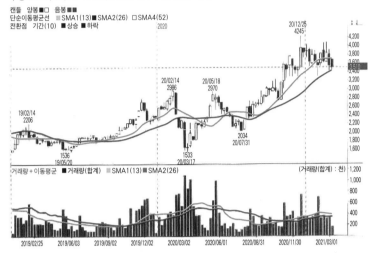

리타리코(7366/T)
주봉 2019/01/04~2021/03/08 (114개) 캔들 차트

일본에서 유일무이한 회사이며 사업 특성상 나는 제2의 암비스로 보고 있다. 새로운 비즈니스, 틈새시장 및 시장점유율 1위(온리원)라는 성장 조건을 완전히 충족하기 때문이다.

의외로 유통주식수가 3%에 불과하며 해외투자자 및 투자신탁이 약 28%를 보유하고 있다. 주가가 낮은 편은 아니지만 투자자금이 유입되면 중기 상승세를 탈 수 있는 종목이라고 생각한다.

[SRE홀딩스(2980)]

구(舊) 소니부동산이다. 2021년 1월, 주요주주는 소니 39%, Z홀딩스(구 야후)가 22%다.

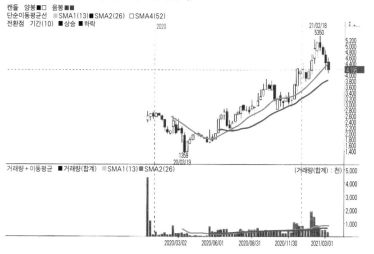

SRE홀딩스(2980/T)
주봉 2019/12/19~2021/03/08 (65개) 캔들 차트

AI 클라우드 및 컨설팅 사업과 부동산 사업이라는 양대 사업을 운영하며 호조를 보이고 있다. 클라우드 서비스는 부동산 중개업자용으로 사무프로세스 전반을 커버한다.

부동산 물건 조사를 할 때 과거의 방대한 데이터를 AI가 단시간에 조사할 수 있다.

매매계약서와 중요 사항 설명을 할 때는 정형화된 문서를 시스템화하는 등 반자동화함으로써 작업을 60% 절감하는 데 성공했다. 기재 누락 실수도 감소했다. 그밖에 전력업계용 수요 예측과 여행업계용 자동 프라이싱(자동 가격 설정) 기능도 제공한다.

고정 수입이 80%이며, 해지율은 0.5%로 매우 낮다. SaaS 기업

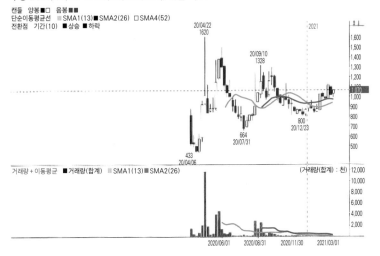

미크리드(7689/T)

주봉 2020/03/16~2021/03/08 (52개) 캔들 차트

캔들 양봉■□ 음봉■■
단순이동평균선 ▓SMA1(13)■SMA2(26) □SMA4(52)
전환점 기간(10) ■상승 ■하락

20/04/22 1620
20/09/10 1328
2021
800 20/12/23
664 20/07/31
433 20/04/06

거래량+이동평균 ■거래량(합계) ▓SMA1(13)■SMA2(26)   (거래량(합계) : 천)

으로써 안정적인 수익구조를 확립했다. 부동산 테크·AI시장의 1.3조 엔을 목표로 하고 있다.

[미크리드(MICEREED. 7689)]

전국의 개인 경영 선술집(이자카야)를 대상으로 하는 식재료 도매업이다. 개인이 운영하는 술집이 대상이며 이들의 센트럴 키친 역할을 한다는 것이 이 회사의 콘셉트다.

대기업 체인과 달리 개인이 경영하는 선술집은 단골손님 비율이 높기 때문에 코로나로도 매출 감소가 상대적으로 적었다. 작년에 신규 상장했는데, 재무적 문제가 없고 코로나 이후 활발한

넥스트원(7094/T)

주봉 2020/03/30~2021/03/08 (50개) 캔들 차트

캔들 양봉■□ 음봉■■
단순이동평균선 ■SMA1(13)■SMA2(26) □SMA4(52)
전환점 기간(10) ■상승 ■하락

20/08/26
4200

2021

4,200
4,000
3,800
3,600
3,400
3,200
3,000
2,800
2,600
2,400
2,200
2,000
1,970ʹ 1,800
20/12/22 1,600
1,400
1,200
1,000
800
600

거래량+이동평균 ■거래량(합계) ■SMA1(13)■SMA2(26) (거래량(합계) : 천)

20,000

15,000

10,000

5,000

2020/06/01   2020/08/31   2020/11/30   2021/03/01

투자를 할 수 있는 기반이 마련되어 있다.

이 회사는 시가총액이 50억 엔으로 매우 적은 편이다. 주점의 매상이 다시 늘면 주가가 크게 움직이기 시작할 수 있다.

[넥스트원(Nextone. 7094)]

음악저작권관리회사다. 거의 독점 상태에 있던 JASRAC(일본 음악저작권협회)에 대항하기 위해 대기업 2사가 합병했다. 사업 내용을 보면 넥스트원이 저작권을 관리하는 것이 아티스트에게 이득이 되기 때문에 JASRAC에서 이전하는 사례가 증가하고 있는 것으로 보인다.

코로나 사태로 인해 음악 및 동영상 전송 요구가 확대되었다. 라이브 뷰잉[27] 개최 제한의 영향은 있었지만 리얼 라이브와 라이브 방송이 공존하면서 새로운 라이브 엔터테인먼트 서비스가 시작되었다. 이런 상황은 포스트 코로나에서도 일반화될 것으로 보인다. 4분기 연속의 수익과 이익이 증가했다.

주가는 상장 당일부터 상승했다가 조정을 받아 바닥을 치면서 상승세를 이어가고 있다. 코로나 후의 경기 정상화 움직임을 파악하는 일환으로 주목하고 싶은 종목이다.

경기민감주 중에서 주목할 만한 종목

마지막으로 경기민감주 중에서 주목할 만한 종목이다.

[오쿠무라 엔지니어링(6229)]

2020년 12월에 일본 도쿄증권거래소 2부에 상장했다.

산업용 밸브를 제조·판매한다. 유체배관에 사용되는 버터플라이밸브를 중심으로 한 유체제어장비를 제조·판매하고 있다. 매

---

27) 먼 지역에서 하는 콘서트나 공연을 위성 생중계로 송출 받아서 보는 것. 영화관, 공연장 등 대형 스크린이 있는 곳에서 라이브 뷰잉을 개최하면 팬들은 공연을 볼 수 있고 공연 기획사는 라이브 뷰잉 입장료로 돈을 벌 수 있다.

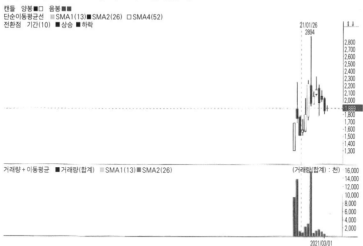

오쿠무라 엔지니어링(6229/T)

주봉 2020/12/17~2021/03/08 (13개) 캔들 차트

캔들 양봉■□ 음봉■■
단순이동평균선 ▦SMA1(13)■SMA2(26) □SMA4(52)
전환점 기간(10) ■상승 ■하락

출은 '육지용'과 선박 시장용인 '선박용'으로 나뉜다. 전자는 건축 설비, 화학, 전력가스, 철강, 종이펄프, 수처리산업에 공급되고 후자는 각 조선소에 공급된다.

동사의 선박 배기가스용 밸브는 국제해양기구(IMO)가 제정한 질소산화물(Nox) 규정에 따라 제조 판매 인증을 받았다. 내열성과 내식성을 강화한 제품의 시장점유율은 50%로 세계 1위다. 이 회사의 성장 시나리오는 배기가스와 선박 평형 수에 대한 환경규제 강화로 인해 선박 수요가 증가하는 것이다.

대체 에너지 정책이 속도를 붙이며 진행되는 가운데 자동차 연료용 액체수소와 암모니아 수송 수요 증가에 맞춰 탱커(유조선) 신조가 기대된다. 이런 움직임은 오쿠무라 엔지니어링의 주가를 밀어 올려줄 가능성이 크다.

코로나의 영향으로 생산 중단에 따른 제조업의 매출과 이익이 감소했지만, 앞으로는 선박용 위주로 반등이 기대된다.

주식시장은 2022년, 즉 코로나가 수습된 이후를 생각하며 선행하는 경향을 보이며 경기민감주가 상승하는 흐름도 보인다.

유피알(UPR), 키무라공기(木村工機) 등 같은 도쿄증권거래소 2부에 상장한 종목이 상승하기도 했으므로 동사의 주가도 주목받고 있다.

[인스펙(6656)]

재료주로써 매우 흥미로운 기업이다. 동사는 아키타 현에 본사를 둔 광학식 외관 검사 장비 제조업체다.

테슬라의 EV 자동차 '모델 S'의 차체에는 모세혈관처럼 3,000미터에 이르는 와이어 하네스[28]가 눌러져 있다. 이것을 가볍고 유연한 FPC(Flexible Foundation)로 만들어 100미터까지 제어할 수 있어 대폭적인 경량화·품질 향상·비용 절감 효과를 거둘 수 있다.

인스펙이 개발한 '롤 to 롤형 심리스 레이저 직묘 노광기 RD3000'는 최대 노광 길이 6미터에 달하며 자동차의 FPC화에

---

28) 기계 또는 차량을 제어하는 핵심부품들을 제어하거나 스위치 사이에 연결해주는 전선 및 연결장치(콘넥터와 컨넥터하우징)를 합하여 '와이어하네스'라고 한다.

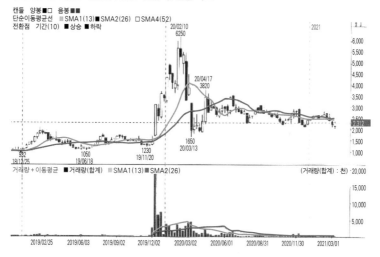

인스펙(6656/T)
주봉 2018/12/03~2021/03/08 (118개) 캔들 차트

대응할 수 있는 세계 유일의 제품이다.

자동차 와이어 하네스 시장은 5조 7,000억 엔(후지키메라 종합연구소)으로 그중 10%만 FPC화할 수 있어도 5,700억 엔의 매출을 올릴 수 있다고 내다보고 있다.

마지막으로 통신 및 정보서비스와 관련된 재미있는 종목들을 소개하겠다.

2017년에 상장한 **유자베이스(3966)**는 꽤 견고한 움직임을 보이고 있다. 온라인 기업정보서비스 스피다(SPEEDA)를 제공하는 회사로 상장 당일 800엔 안팎에서 시작해 2021년 2월 9일 3,000엔이라는 최고가를 찍고 2021년 4월부터 3,000엔 아래에서 조정을 받고 있다.

제1장에서 언급했듯이 과거에는 주식시장이 호황일 때 증권주가 인기를 끌었다.

그런데 지금은 구조적인 문제를 갖고 있는 대형은행주나 증권주는 투자 대상에서 소외되어 있다. 대형은행은 여전히 저금리를 유지하기 때문에 투자 대상에서 멀어졌다.

그런 이유로 투자자들은 증권이나 은행과 상대적으로 비슷하게 성장하는 기업을 물색하고 있는 것처럼 보인다. 설령 그 종목의 주가가 비싸도 매수하는 추세가 느껴진다.

그중 하나라고 생각하는 종목이 유자베이스이며 뒤이어 **민카부 인포노이드(4436)**가 주목을 받고 있다.

다시 찾아온 IT 버블과 미국의 상황

증권
칼럼

나는 세계 증시의 현재 상황이 2000~2001년의 IT 버블 시절과 비슷하다는 인상을 받는다.

원래 클라우드를 중심의 새로운 IT 서비스인 SaaS, PaaS(프로그램 실행 환경 제공), IaaS(정보시스템 가동에 필요한 인프라 제공) 등은 몇 년 안에 본격화될 예정이었지만, 2019년 세계를 강타한 코로나로 인해 구축이 가속화되었다.

그렇기 때문에 베이스 등이 3, 4년 뒤의 가능성을 가져와 2020년에 급등한 것이다.

이렇듯 시장에서도 IT 종목을 중심으로 거품이 발생할 가능성이 크다. 이 가운데 닛케이 평균이 3만 엔을 넘어설 수 있고 추가 성장 가능성도 있다.

세계적으로 중앙은행들이 엄청난 돈을 풀고 있는 한, 그 유동성을 조일 예정이 보이지 않는 한, 수요와 공급 관계로 인해 IT 버블이 돌아올 것이라고 생각한다. 나스닥(NASDAQ)의 애플, 마이크로소프트, 클라우드 스트라이크 등의 주가에 거품이 낄 때, 시장에서 어떤 종목이 오를지 기대된다.

그리고 지정학적인 변화도 중요하지 않을까?

1990년 이후 주가가 폭락했을 때 세계는 어떤 상황이었을까.

돌이켜 보면 베를린 장벽이 무너지고 미국의 가상 적국이던 소련이 더 이상 위협적인 존재가 아니게 되면서 미국이 일본을 방파제로 이용할 필요가 없어졌다.

일본은 그 점을 깨닫지 못하고 '미국에 NO!라고 말할 수 있는 일본'이라는 책을 내거나 록펠러 센터와 콜롬비아 영화 등 미국의 상징물을 사들였고 그 후 미국으로부터 강력한 응징을 받았다.

미국은 자기 목소리를 높이려는 나라에 대해 강경한 태도를 보인다. 도요타를 렉서스의 안전성 문제를 들먹이고 도시바를 코콤 위반[29] 이라며 합법적으로 세계 2위인 나라를 짓누르기에 들어갔다. 미국을 턱밑까지 추격한 중국에도 그런 제재가 행해질 것이다.

따라서 미국의 반중정책은 대통령 특유의 것이 아니라 미국의 총의라고 생각한다. 향후 미국이 중국에 적대적인 행보를 보이려면 일본을 중시하지 않을 수 없을 것이다. 그러한 미국의 사정이랄까, 가치관으로 비추어볼 때 증시는 상승할 기회가 있을 것이라고 생각한다.

---

29) 일본의 도시바기계가 '코콤(COCOM, 대공산권수출통제위원회)'의 규제를 위반하고 몇 차례 선박 프로펠러 가공 기계를 소련에 판 것으로 인해 제재를 받은 사건.

제 **7** 장

인기 없는 업종의
종목을 고찰한다

요식업종에 대한 투자는 기간을 정해서 트레이딩한다

요식업(음식업)에 속하는 종목에 투자할 때는 몇 가지 주의할 점이 있다.

하나는 붐이 일어났을 때는 프랜차이즈 시스템을 채택한 곳이 많으므로 단기에 매출과 이익이 급격히 증가해서 주가가 상승하는 경향이 있다. 대표적인 주자가 스테이크 전문 체인점인 '이키나리 스테이크'를 운영하는 **페퍼푸드 서비스(3053)**다.

요식업 붐이 일자 주가는 괄목할 만큼 상승했지만 결국 한시적이었다.

그 이유는 외식산업은 진입장벽이 낮기 때문이라고 본다. 또 크게 유행을 하면 사람들은 쉽게 질린다.

중장기에 걸쳐 상승하는 요식업수는 그리 낳시 않나. 하지만 점포 확대 시기에는 주가가 빠르게 상승하기 때문에 한정된 기간에 트레이딩을 하여 수익을 내는 전략이 가능할 것이다.

다음은 **구시카쓰 다나카(3547)**의 일봉 차트다.

이 종목으로 우리도 많은 수익을 낼 수 있었다. 2016년, 분할 상장으로 737.5엔이라는 어중간한 가격으로 출발했다. 상장 직후 거래량을 수반해 상승했다가 반년 이상 매수 매도 간의 싸움이 계속되었습니다.

그 후 상장 초기에 기록한 최고가를 넘어서면서 탄력을 받아

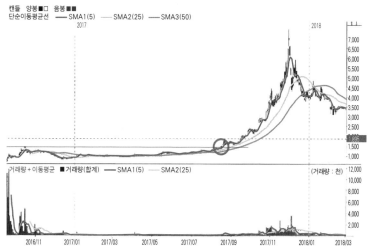

구시카쓰 다나카홀딩스(3547/T)
일봉 2016/09/14~2018/03/01 (358개) 캔들 차트

7,480엔까지 올라갔다. 1년 만에 10배 상승한 셈이다. 이때 해외 관광객 유입이라는 훈풍이 분 것도 긍정적으로 작용했다.

그다음에는 난항을 겪고 있다. 상장 당시 간토지역에는 간사이에서 시작된 구시카쓰 가게가 없어서 붐이 일었지만 오래가지 못했다. 몇몇 가게는 사업 모델을 따라 했고 사람들이 싫증이 난 것도 있을 것이다.

외식과 소매업은 프랜차이즈점이 어느 정도 전국에 확산되면 더 이상 점포 수를 늘리기 어려워진다. 그러면 신규 사업을 시작하거나 해외로 진출하는 경우가 많다. 특히 외식 같은 경우에는 외국인들과 음식 문화의 차이가 크기 때문에 해외에서 성공하기 상당히 어려운 점이 있다.

그래서 비록 그 점포가 인기를 끌어 전국적으로 가게 수가 증가할 수는 있지만 그것은 기간 한정이다. 내 고향은 고치현이다. 즉 지방 출신이다. 우리 지역에까지 인기 있는 프랜차이즈 점포가 등장했을 때는 주가가 정점을 찍는 경우가 많았던 것으로 보인다.

구시카쓰 다나카의 일봉 차트를 다시 한번 보자. 처음에도 거래량이 많았고 상장 직후 고가를 찍었을 때도 거래량을 수반했다. 그 이후로는 거래량이 거의 없었지만 묵묵히 고가를 넘어섰다. 그리고 적은 거래량으로 꾸준히 상승하고 있다.

이럴 때는 유심히 지켜봐야 한다고 여러 번 말했다. 전고점을 갱신한 위치는 동그라미 표시가 되어 있다. 그때의 주가는 1,500엔 정도였다. 여기서 샀어도 그 이후 4개월 동안은 상승을 즐길 수 있었다.

다음 차트는 외식 브랜드인 **모노가타리 코퍼레이션(3097)**의 연봉차트다. 2008년, 상장 시의 주가는 599엔이었다. 당시는 야키니쿠 체인점이 주요 사업이었지만 지금은 일본 라면과 오코노미야키 체인도 운영한다.

이 회사는 외식업으로써는 이례적인 장기 상승 추세를 그리고 있다. 구시카쓰 다나카와 같이 2018년, 해외관광객이 한창 유입했을 때 빠르게 주가가 상승했다가 조정 후 다시 한번 상승해 주가를 유지하고 있다. 이런 종류의 외식업 IPO는 드문 편이므로

모노가타리 코퍼레이션(3097/T)
연봉 2008~2021 (14개) 캔들 차트

캔들 양봉■□ 음봉■■
단순이동평균선 ── SMA1(2) ── SMA2(5) ── SMA3(10)

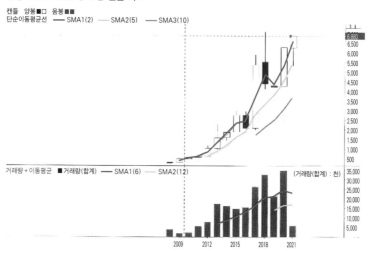

도리키조쿠홀딩스(3193/T)
연봉 2014~2021 (8개) 캔들 차트

캔들 양봉■□ 음봉■■
단순이동평균선 ── SMA1(2) ── SMA2(5) ── SMA3(10)

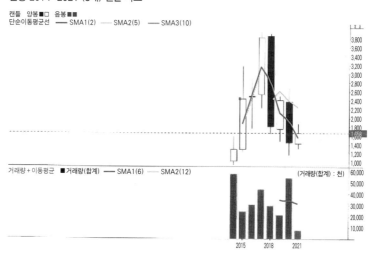

나도 종종 투자를 권하고 있다.

2018년에 상장한 **기프트(GIFT. 9278)**도 순조롭게 성장하는 외식업체다. 돼지뼈로 육수를 내어 진한 맛이 특징인 직영점 '요코하마가계라면 마치다 상점'과 프랜차이즈 시스템과 유사한 라면점 프로듀스 사업을 전개해 성장하고 있는 이색적인 외식업체다. 2020년, 코로나로 인해 타격을 받았지만 주가가 점차 회복하고 있다.[30]

외식업 신흥기업 중 모노가타리 코퍼레이션과 함께 주목하는 종목이다.

아래 차트는 **도리키조쿠홀딩스(3193)**[31]의 연간 차트다. 상장 시 일본의 유명한 연예 그룹인 쟈니즈 멤버의 부친이 경영하는 것으로도 화제가 되었다. 상장 당일 시초가는 1,000엔이었고 그 후 4년 만에 주가는 거의 4,000엔까지 올랐다가(2017년 12월) 하락해 조정을 받고 있다. 이것도 일정 기간 동안 이만큼 상승했으니 투자할 가치가 충분히 있었다고 할 수 있다.

외식업 종목에 대해 주의해야 할 점은 성장 전망이 있는 기업이면 투자를 고려할 수 있지만, 제한된 기간 동안 투자하겠다는 판단을 할 수 있어야 한다.

---

30) 기프트는 순조롭게 상승세를 이어가 2021년 6월 21일 신고가 2,711엔을 기록한 뒤 2021년 7월, 조정받고 있다.
31) 鳥貴族ホールディングス. '도리키조쿠'란 '닭 귀족'이란 뜻으로 닭꼬치구이 이자카야 체인점을 운영한다.

또 하나 자신의 취향에 따라 또는 선입견을 바탕으로 그 외식 산업을 평가하지 말아야 한다. 세상이 그곳을 받아들이고 있는 지 판단하자. 구시카쓰 다나카를 추천했을 때 "나는 꼬치를 별로 안 좋아해서"라고 말한 고객이 의외로 많았다. 지금도 농담으로 회자되곤 한다.

도리키조쿠가 인기를 얻은 것은 한 번 술을 마실 때 한 사람당 2,500엔 이하의 매출을 잡았기 때문이다. 도리키조쿠는 2,500엔 이하이면 고객이 부담 없이 다시 방문한다는 데이터를 근거로 운영하여 그 전략이 훌륭하게 들어맞았다.

아래의 차트는 **제너럴오이스터(3224)**의 연간 차트다. 상장 직후 2,000엔 부근에서 출발해 한 달 만에 4,800엔까지 상승했다.

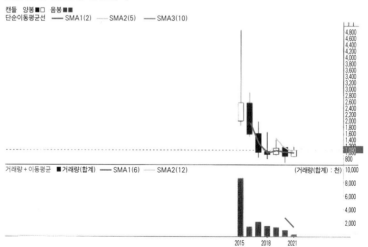

제너럴오이스터(3224/T)
연봉 2015~2021 (7개) 캔들 차트

2015년 당시 오이스터바가 붐이 되었기 때문이다.

동사는 해양심층수에서 생굴을 세정하여 식중독을 방지한다. 이런 콘셉트로 생굴을 취급하는 레스토랑 체인을 운영했다. 그러나 더 저렴한 오이스터바가 잇달아 문을 열었고 결국 실적이 악화하면서 6년이 지난 2021년에는 1,000엔 이하에서 조정을 받고 있다.

클라우드로 안정된 수입을 확보하는 대형 게임회사

온라인 게임 관련 종목과 전자만화 관련 종목도 주의해야 할 점이 있다.

투자자들은 과거 강호 온라인 엔터테인먼트(3765) 등이 성공해 주가가 수십 배로 올랐던 것을 기억하고 있기 때문인데, 비슷한 회사가 신규 상장을 하면 처음에는 인기를 얻을 수 있다. 그렇지만 그 효과는 점점 희미해지고 있다.

히트작이 나오면 단기에 주가가 상승할 수도 있지만 사실 인기를 끄는 기간이 외식 관련 종목보다 짧은 경우가 많다.

전자만화 관련 기업은 최근 몇 년간 상장이 늘었다. 5G 시대가 오면 수요가 증가할 것이라는 기대감이 있기 때문이다. 재가 기대를 걸었던 기업도 있지만 좀처럼 주가가 오르지 않고 있다. 우

에디아(3935/T)
월봉 2016/04~2021/03 (60개) 캔들 차트

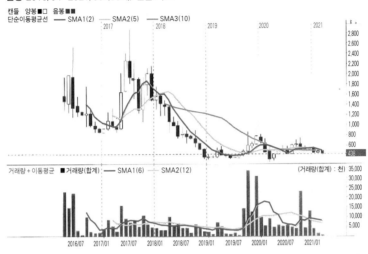

아카츠키(3932/T)
월봉 2016/03~2021/03 (61개) 캔들 차트

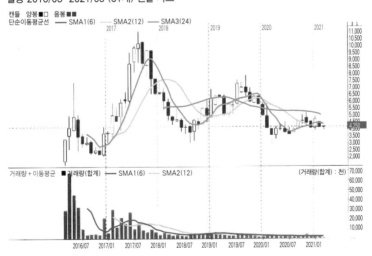

선 전자만화 관련 기업이 난립하고 있고 해적판도 횡행한다. 이러한 요인들로 인해 전자만화 업체들은 수익 부진에 시달리는 것으로 보인다. 따라서 신규 상장할 당시에 인기를 끌었다 해도 신중한 자세로 투자해야 한다.

이것은 **에디아(EDIA. 3935)**의 월봉 차트다. 2016년에 상장했지만 중장기적으로 침체 추세에서 빠져나오지 못하고 있다. 현재 이 회사는 게임에서 손을 떼고 전자책으로 업종 전환을 꾀하고 있지만 여기서도 고전하고 있다.

차트는 모바일 게임 기획 및 개발업체인 **아카츠키(3932)**의 월봉 차트다. 과거에 인기가 있었던 종목으로 2016년 상장했다. 실적도 그럭저럭 받쳐주고 있지만 주가는 2017년, 상장 이래 최고가를 기록한 뒤 하락세를 이어가고 있다.

다음은 모바일 게임 공략 기사 사이트를 운영하는 **GameWith(6552)**다. 상장 직후에 화제가 되어 주가가 싱승했다. 그러나 이 기업도 하락 추세에서 벗어나지 못하고 있음을 알 수 있다.

반면 요즘 주가가 상승하는 게임 관련주는 반다이 남코와 같은 대형주가 많다.

반다이 남코뿐 아니라 **코나미(9766)**와 **코에이테크모홀딩스(3635)** 등도 유망하다. 2020년에는 **스퀘어 에닉스홀딩스(9684)**와 **닌텐도(7974)**가 상승했다.

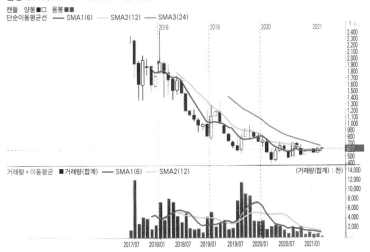

GameWith(6552/T)
월봉 2017/06~2021/03 (46개) 캔들 차트

캔들 양봉■□ 음봉■■
단순이동평균선 ── SMA1(6) ── SMA2(12) ── SMA3(24)

거래량 + 이동평균 ■거래량(합계) ── SMA1(6) ── SMA2(12) (거래량(합계) : 천)

　이런 대형 게임주가 상승한 주요 요인은 게임이 클라우드형이
되어 안정적인 수입을 얻을 수 있게 되었기 때문이다.

　과거에는 소프트웨어를 판매해서 매출을 올렸다. 예를 들어
스퀘어 에닉스의 경우 차기작 드래곤 퀘스트가 출시되기까지 시
간이 걸리므로 실적이 고무줄처럼 늘었다 줄었다 하는 경향이 있
었다. 그러면서 시리즈물이 몇 가지 나오면 전처럼 잘 팔리지 않
고 감소한다.

　지금은 클라우드에서 접속해 기본적으로 무료지만 게임을 하
면서 등급을 올리려면 유료로 아이템을 구매해야 하는 등 지속
적으로 과금을 유도하는 시스템으로 변하고 있다.

그런 시스템은 아무래도 규모가 큰 기업이 잘한다. 대형 게임사는 캐릭터도 다양하게 갖고 있으므로 유리하다. 이런 환경에서 중소형 게임주는 대단히 특색이 없는 한 상장해도 시장에서 찬밥 취급을 받아 인기를 끌지 못한다.

또 같은 말을 여러 번 하지만 바이오 종목은 기본적으로 실적이 좋지 않다. 매출이 나지 않아서 적자인 기업도 많다. 게다가 바이오기업이 굉장히 드물었던 시대였다면 모를까, 지금은 적자여서 재무구조가 불량한 바이오주가 시장에 굴러다니는 상황이다. 바이오 종목을 상장 당일에 매수하는 일은 기본적으로 하지 않는 편이 좋다.

떠오르는 신흥 팹리스 화장품 제조사

반대로 내가 보고 있는 것은 금년에 많이 상장된 신흥 화장품 제조사다. 앞서 언급한 프리미어안티에이징, 신일본제약(4931) 그리고 최근 갓 상장한 **액시지아(4936)** 등이다.

이들은 신흥 팹리스 경영이라는 공통점을 갖고 있다. 자체 공장을 두지 않고 위탁 생산을 통해 연구개발과 기획에만 경영자원을 집중하는 시스템으로 운영된다. 말하자면 화장품의 SPA(제조 소매업) 같은 스타일이라 할 수 있다.

본래는 반도체 제조사들이 이 방법을 사용했는데, 화장품 분야에도 적용되기 시작했다. 이러한 신흥 팹리스 화장품 제조사들이 등장하자 대형 화장품 제조사들이 고전하고 있다. 시세이도가 헤어케어 브랜드 츠바키(TSUBAKI)와 남성용 화장품인 우노(uno)를 비롯한 생필품 사업을 유럽계 투자 펀드 CVC 캐피탈 파트너스에 1,600억 엔으로 매각한 것도 저가 제품으로는 더 이상 신흥 팹리스 기업과 경쟁할 수 없게 되었기 때문이다.

시세이도 등은 특히 중국 시장에서 매출을 늘리고 있지만 국내시장에서는 사실상 주춤하고 있다.

지금 내가 주시는 것은 액시지아인데, 이 기업의 대표와 부사장은 중국인이며 임원들 중에도 중국인이 여러 명 있다. 가장 큰 특징은 중국향 매출이 80%를 넘고 전자 상거래(EC)가 주력이어서 국내시장과 별로 상관이 없다는 것이다.

아마 액시지아의 중국 사업이 순조롭게 진행되는 이유는 경영자가 중국인으로 대륙의 문화와 비즈니스 환경에 정통하기 때문일 것이다. 경영자는 이론 오키나와의 류큐대학에서 공부한 후 일본에서 회사를 세웠지만, 사실상 중국 기업이라 할 수 있다.

화장품 제조사의 내수 판매는 포화상태이지만 중국이라는 거대 시장에서 활동하는 것은 액시지아의 강점이다. 중국에서는 여전히 화장품 시장이 성장하고 있기 때문이다.

최근 상하이 주식시장에 화장품 제조사(하쿠나가 화장품)가 상장해 주가를 올렸다. 그 기업의 PER은 이미 60배가 넘는다. 이런 상황을 생각하면 경기 회복세가 빠른 중국에 대한 매출 점유

액시지아(4936/T)
일봉 2021/02/18~2021/03/11 (15개) 캔들 차트

캔들 양봉■□ 음봉■■
단순이동평균선 ■SMA1(5) ■SMA2(25) □SMA4(75)
전환점 기간(10) ■상승 ■하락

거래량+이동평균 ■거래량(합계) ■SMA1(5) ■SMA2(25) (거래량(합계) : 천)

증거금잔고 ■융자잔고 ■대주잔고 (단위 : 천)

율 80%를 유지할 가능성이 크다. 주목할 만한 회사다.

액시지아의 IPO 공모 규모는 수십억 엔 수준이며, 공모가는 1,450엔으로 책정되었다. 상장 당일 시초가는 2,051엔이었으므로 41.44% 상승한 가격이다. 따라서 주가가 무작정 오르지도 않았고 시가총액도 비교적 작았다.

게다가 벤처캐피탈의 지분도 없다. 대주주들은 6개월간 주식을 매도하지 못하는 락업이 걸려 있으니 대주주 매도 물량도 나오지 않았다. 유통주는 사업 내용에 특이점이 없으므로 일단 인기를 끌면 주가는 쉽게 오를 것이다.

중국인에게 '일본 제품 중 무엇을 사느냐'고 설문조사를 하자

20%가 화장품이라고 응답했다고 한다. 중국인에게 일본 화장품은 브랜드 파워가 강하다.

액시지아의 홈페이지를 보면 상품 개당 가격이 꽤 비싸다. 1만 엔이 넘는 화장품도 있다.

2020년에는 전략적인 광고비 지출로 인해 다소 이익이 줄어들었다. 그러나 코로나 시국에서도 20% 매출과 수익이 늘었고 2021년 1분기에도 매출과 수익이 증가할 것으로 예상된다. 다만 중국인 경영자를 비롯해 중국 관련 IPO는 옵터런(Optorun. 6235)과 MTG(7806) 등 인상이 그리 좋지 않아 당분간은 지켜봐도 좋고, 프리미어안티에이징이 중국 진출에 본격적으로 진출한다면 화장품 섹터에서는 그쪽이 더 나을 수도 있다.

기관투자자에게 인기가 없는 업종

2020년 12월에 상장한 **포핀스홀딩스(7358)**라는 회사가 있다. 1987년, 전직 TV 아사히의 여성 아나운서가 설립한 회사로 창업한 여성을 지원하기 위해 만들어졌다.

베이비시터 파견과 어린이집 운영, 돌봄서비스 등이 해당 사업이며, 베이비시터 업계의 최대기업으로 알려져 있다. 유엔이 제안한 SDGs를 충족하는 프로젝트를 자금 용도로 하는 'SDGs IPO'의 일본 최초의 사례였다. 시대의 흐름에 부합하므로 시장에서는

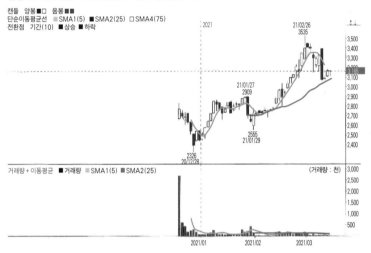

포핀스홀딩스(7358/T)
일봉 2020/12/21~2021/03/11 (54개) 캔들 차트

캔들 양봉■□ 음봉■■
단순이동평균선 ■SMA1(5) ■SMA2(25) □SMA4(75)
전환점 기간(10) ■상승 ■하락

투자자금이 상당히 모일 것이라고 기대했다. 그런데 뚜껑을 열어
보니 전혀 인기가 없었다. 상장 당일 시초가는 공모가 2,850엔 대
비 6% 아래인 2,679엔이었다. 2021년 2월 말에도 3,200엔으로 별
로 오르지 않았다.

이런 보육·돌봄지원사업 종목이 인기가 없는 것은 나름의 배
경이 있다. 잘 생각해보면 유치원이나 어린이집 운영, 또는 간호
서비스업 등의 카테고리는 기본적으로 기관투자자의 관심을 끌
지 못하기 때문이다.

하나는 일본의 출생률이 낮다는 배경이 있다. 그리고 방문 유
아교육, 베이비시터 서비스, 방문간호 서비스는 아무래도 폐쇄된
공간에서 이루어지므로 사고나 사건이 일어나기 쉽고 갈등도 발

생할 수 있다.

그런 부정적인 사안을 주식시장은 유달리 싫어한다. 당연히 주가에 악영향을 미칠 수 있기 때문이다. 그보다 이런 카테고리를 기관투자자가 선호하지 않는 것은 앞서 지적했듯이 보조금을 받는 경우가 많기 때문일 것이다. 이미 과거에 보조금을 과다하게 청구하거나 부정 청구를 하는 등 문제를 일으킨 일이 꽤 있었다.

이 카테고리에 속하는 세리오(SERIO), 글로벌키즈, JP홀딩스, 키즈SH의 재무내용을 살펴보면 매출은 순조롭게 늘고 있지만 영업이익은 적자인 곳이 많다. 인재 조달에 비용이 들거나 가동률이 나쁜 것이 원인으로 보인다.

그런데 최종 이익을 보면 흑자로 계산한 곳이 있다. 이것은 왜 그럴까?

2020년은 대기아동 문제가 있어서 국가가 어린이집 신설을 장려했다. 그래서 신규 어린이집을 지은 경우, 개설 보조금을 받을 수 있다. 그래서 어린이집 체인점을 운영하는 기업은 계속 새로운 어린이집을 짓고 보조금을 마구 받아서 실적을 올린 것이다. 어떤 의미에서는 이것이 진짜 이익인지 다시 생각해봐야 한다.

그러므로 영업이익은 적자인데 최종 이익이 흑자인 곳이 생긴다. 그 점, 보육·돌봄지원사업 최대기업인 JP홀딩스와 포핀스는 개설 보조금을 계상하지 않는다는 점을 밝혔다.

보조금은 영원히 나오는 것이 아니다. 정책이 변하여 보조금이 중단되면 주가가 크게 영향을 받을 것이다. 투자자로서는 보조금이 끊겼을 때 성장세가 꺾일 것이 우려되므로 아무래도 이 카테고리에 속하는 종목에 선뜻 손이 나가지 않는다.

주가는 JP홀딩스만은 초기에 급상승했지만 얼마 안 가 추락했고 지금은 침체기에서 벗어나지 못하고 있다.

보육·돌봄지원사업에 속하는 종목은 모두 4~5년은 상장 시 주가가 높고 시간이 지나면서 예외 없이 참담한 결과를 보이고 있다.

기관투자자도 개인투자자도 쓴맛을 봤기 때문에 이 카테고리의 종목을 꺼리는 것이 아닐까?

화려하게 도쿄증권거래소 1부에 상장된 포핀스홀딩스가 지금까지 투자자들에게 깊은 인상을 주지 못한 것도 이 때문이다. 하지만 포핀스홀딩스는 고급 유아교육이라는 새로운 관점에서 ESG 투자 대상으로 선정될 수 있다고 생각해 주목하고 있다.

게다가 앞서 언급했듯이 이 회사의 경영자는 여성이며 무척 선진적 의식을 갖고 있다. SDGs의 관점에서 볼 때 포핀스홀딩스는 향후 투자 대상이 될 가능성을 잠재하고 있다. 여성들을 지원하는 기업임을 내세우므로 같은 업종이지만 인기가 없는 회사와 차별화 노선을 걷고 있다.

투자자들이 이 차이를 인식하면 주가가 급등할 수도 있다. 나는 그 점에 주의를 기울일 생각이다. 여러분도 그런 관점에서 연구 자료로 관심을 가지면 흥미롭지 않을까?

동남아시아에 진출한 디지털 화폐 관련 기업

리넷 재팬(3556)은 소형 가전제품을 수거해 재사용하는 사업을 한다. 캄보디아에서 중고차 판매와 소액금융사업을 신규 사업으로 키우고 있다. 정권에 문제가 있는 캄보디아가 활동 무대라는 점에서는 재료주(테마주)의 영역을 벗어나지 못할 것 같다는 생각도 든다.

동남아시아에 신규 사업을 시작하는 중소형주는 화제가 되어도 중장기적으로 주가가 상승하기는 어렵다는 인상이 있다.

PC 회수로 오사카시와 협정을 체결해 인구 50만 명 이상인 20개의 정령시(政令市)에서는 17번째 사례다.

2020년 4월 1일 시점에서 400여 개 지자체가 소형 가전 리사이클에 협력하고 있으며, 본업도 꾸준히 성장하고 있다. 2020년에는 코로나로 인해 수익과 이익이 줄었지만 2021년에는 회복세를 보였다.

4월 7일자 닛케이신문에 캄보디아가 점점 더 많은 디지털 화폐 바콘을 이용하고 있다고 보도했다. 2020년 2월에 발표된 캄보디아의 바콘을 이용하는 온라인 은행에 참여하기 위한 소라미쓰사와의 합작법인(JV)을 몇 개월 안에 설립하기 위해 협의 중이라고 2월 15일에 발표한 결산 보충 설명 자료에 나와 있다. 디지털 화폐는 향후 큰 화제가 될 수 있기 때문에 관심을 가져보는 것도 좋을 듯하다.

세계에 통용되는 의류업체와
그렇지 못한 업체

의류업체도 전반적으로 IPO로서는 인기가 없는 업종이다.

2000년, 디플레이션이 한창일 때, 머리부터 발끝까지 1만 엔이면 충분한 이른바 패스트 패션을 표방하는 의류업체가 인기를 끌었다. 유니클로의 **퍼스트 리테일링(9983)**은 그 당시부터 인기를 끌었지만 의류업체로 줄곧 왕도를 걸을 수 있던 곳은 이곳이 유일하다.

대부분의 옷이 싼 게 비지떡이어서 사람들은 곧 싫증을 냈다. 아무래도 일본 패션업체들의 모멘텀은 오래가지 않는 듯하다.

최근의 IPO에는 2019년 10월에 상장한 여성 구두 업체인 WA Inc(7683)와 2016년 11월 상장한 고베 패션을 표방하는 스튜디오 아타오(3550)가 있지만 실적이 주가 면에서 크게 성장한 종목은 없는 것 같다. 기본적으로 의류업체는 투자 대상으로 삼지 않는 것이 좋다.

당시 젊은 여성들에게 인기를 끌었던 **사만사타바사(7829)**도 '일본에서 세계적으로 받아들여지는 첫 패션 브랜드를 지향한다'고 선언하며 상장했지만 초반에만 주목받았을 뿐이다.

유니클로가 성장하는 요인은 가격이 합리적인 것도 있지만 가볍고 시원하고 따뜻함을 구현하는 기능성이 소비자에게 받아들

퍼스트 리테일링(9983/T)
연봉 1997~2021 (25개) 캔들 차트

캔들 양봉■□ 음봉■■
단순이동평균선 ■SMA1(2) ■SMA2(5) □SMA3(10)

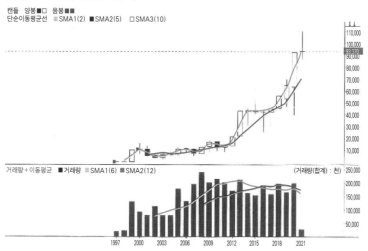

거래량+이동평균 ■거래량 ■SMA1(6) ■SMA2(12)　　　　　(거래량(합계) : 천)

사만사타바사(7829/T)
연봉 2005~2021 (17개) 캔들 차트

캔들 양봉■□ 음봉■■
단순이동평균선 ■SMA1(2) ■SMA2(5) □SMA3(10)

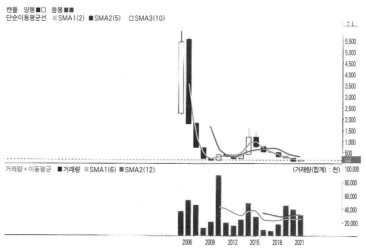

거래량+이동평균 ■거래량 ■SMA1(6) ■SMA2(12)　　　　　(거래량(합계) : 천)

제7장　인기 없는 업종의 종목을 고찰한다

여겼기 때문이다.

별로 알려지지 않은 이야기인데 유니클로는 1980년대 초 야나이 회장 겸 사장이 중국 광둥성의 한 의류공장을 방문하면서 SPA에 눈을 떴다. 그곳에 야나이 사장을 데리고 간 사람은 홍콩 의류 브랜드인 지오다노의 창업자 지미 라이였다. 그는 이미 SPA로 막대한 부를 쌓았다.

만일 야나이 사장이 지미 라이를 만나지 않았다면 지금의 유니클로는 없었을지도 모른다.

증권 칼럼
개인투자자가 '연합군'을 짜는 무대가 된
수수료 무료 스마트폰 전용 증권사

여러분도 잘 알겠지만 헤지펀드의 수법은 주식 매수와 매도를 '세트'로 해서 이익을 낸다. 다양한 데이터를 근거로 전체 시장이 하락하든 오르든 상관없이 이익이 나는 시스템을 짜는 것이다.

지극히 단순한 예를 들자면 실적이 나쁜 종목, 주가가 고평가되었다고 생각하는 종목을 공매도하고, 한편으로 성장성 있는 하이테크 종목 등을 사 모은다.

그러면 시장이 하락할 때는 애플과 같이 강한 종목은 크게 하락하지 않지만 공매도 대상이 되는 허약한 종목은 주가가 곤두박질치는 경우가 많다. 그 차액으로 헤지펀드는 돈을 버는 것이다.

그렇게 탐욕스러운 헤지펀드의 코를 납작하게 만들어주겠다고 생각한 미국의 개인투자자들이 SNS 레딧(Reddit)에서 집결했다. 헤지펀드가 공매도를 대량으로 한 종목을 개인투자자들이 모여 대량 매수하여 일정 수준 이상 주가가 올라가면 헤지펀드는 공매도 포지션을 접어야 한다. 그러려면 헤지펀드는 빌려서 팔았던 주식을 시장에서 다시 사서 돌려줘야 한다. 그러면 주가는 다시 한번 폭등한다. 개인투자자들은 그 점을 노리고 '연합 전선'을 펼친 것이다.

지금은 전 세계에 돈이 넘쳐나며 개인도 엄청난 자금력을 갖고 있다. 예전에는 지금처럼 SNS로 개인투자자들이 소통하는 시스템이 없었지만 지금은 세상이 변했다.

예전에는 분단되어 힘이 없었던 개인이 결집해 함께 싸울 수 있게 되었다. 게다가 강력한 무대 장치도 갖추어져 있다. 그것이 바로 '로빈후드 마켓'이라는 수수료 제로인 스마트폰 전용 증권사였다. 로빈후드앱에 개인투자자(그들을 로빈후더라고 한다)가 모여서 함께 싸우고 공매도로 엄청난 수익을 올린 헤지펀드에게 뜨거운 맛을 보여준 것이 게임스톱 사태의 전말이다.

게임스톱 사태를 일으킨 개인투자자들은 이렇게 말한다.

"헤지펀드도 우리와 똑같지 않은가. 우리가 산 고가의 종목에 헤지펀드가 공매도를 쳐서 주가를 떨어뜨린다. 곤경에 처한 우리는 손해를 보고 팔 수밖에 없다. 주가가 더 떨어지면 헤지펀드는 주식을 다시 사들인다. 그것을 우리가 하는 게 뭐가 잘못되었나?"

개인투자자들은 SNS상에서 이런 논의를 주고받은 끝에 헤지펀드와 같은 방식으로 행동하기로 결정해 일제히 매수세를 보였다.

개인투자자들로부터 모인 자금은 시장의 예상을 크게 웃돌았다.

2020년 말부터 1월 27일까지 한 달도 안 되어 적자 기업인 게임스톱의 주식이 17배 급등했다. 특히 1월 27일에는 하루 거래량이 무려 3조 엔까지 치솟았다. 이것은 도쿄증권거래소 1부 시장의 하루 매매대금에 필적하는 수치다.[32]

이런 과열 양상을 지켜본 미국 금융당국은 규제를 해야 한다는 소리가 높아졌다.

---

32) 1월 27일 게임스톱 주가는 전날보다 134.84% 오른 347.51달러로 마감했다. 이후 500달러를 넘어가며 10일 만에 1643.91%의 상승률을 기록했다. 하지만 결국 2월 2일 60% 넘게 폭락하며 100달러 선도 무너졌다.

게임스톱 주가 추이

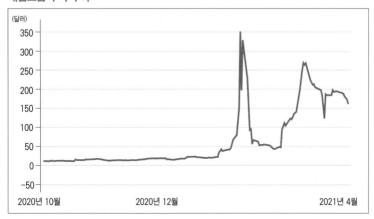

제**8**장

이것이 최강의
일본 주식이다!

나는 앞으로도 성장주가 여러분의 성과를 키워줄 것으로 본다. 여기서 소개하는 5개 종목은 모두 마더스 시장에 상장한 성장주다.

야플리　　　　　　　　　(4168) 마더스

스마트폰 앱 생성 분야에서 세계 최초로 상장한 기업

이 회사의 주요 업무는 앱 운영 플랫폼인 야플리(Yappli)라는 서비스를 제공하는 것이다. 야플리의 가장 큰 특징은 코드, 즉 프로그래밍 언어에 대한 지식이 없어도 애플리케이션을 개발할 수 있다는 섬이다. 간단한 마우스 소삭으로 스마트폰을 개발 및 운용할 수 있다. 게다가 아이폰(iOS)과 구글(안드로이드)의 두 플랫폼을 지원하므로 한 번에 두 애플리케이션을 개발할 수 있다.

극단적으로 말하자면 야플리를 잘 다루면 IT 기술자가 필요 없다. 원래는 프로그램을 만들려면 전문 엔지니어에게 의존해야 했다.

그런데 야플리로 프로그램을 개발하면 최소 약 1개월, 몇백만 엔이면 가능하다. 개발 기간과 비용이 기존의 10분의 1 수준으로 줄일 수 있다고 한다.

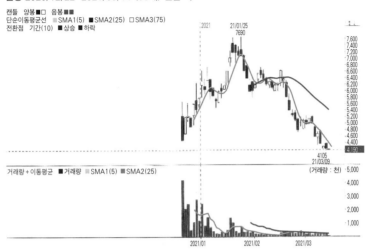

야플리(4168/T)

일봉 2020/12/22~2021/03/11 (53개) 캔들 차트

캔들 양봉■□ 음봉■■
단순이동평균선 ■SMA1(5) ■SMA2(25) □SMA3(75)
전환점 기간(10) ■상승 ■하락

거래량+이동평균 ■거래량 ■SMA1(5) ■SMA2(25)

　야플리는 상장으로 조달한 20억 엔으로 사업을 확장해 35년 뒤 현재 520여 개의 고객을 1,000여 개로 늘릴 계획이다.

　야플리처럼 코딩을 할 필요가 없는 툴로 크게 발전한 기업은 그 밖에도 또 있다. 아마존 킬러로 알려져 나스닥에 상장한 캐나다의 쇼피파이, 재작년에 마더스에 상장해 2020년 크게 주가가 상승한 베이스도 이 범주에 속한다. 그리고 야플리는 코딩이 필요 없는 스마트폰 앱 생성 기업으로 상장한 세계 최초의 회사일 것이다.

　웹과 이커머스에 이어 모바일 앱 개발도 코딩이 필요 없는 시대로 접어들었으니 여기서 야플리의 고객을 살펴보자. 도요타,

야마하 등 국제적인 대기업, NEC, 후지쯔와 같은 정보 통신업체도 야플리의 서비스를 도입했다.

이것은 EC나 B2C 영업 목적뿐만 아니라 사내 자료를 인쇄하지 않고 앱으로 만들어서 비용을 절감하기 위한 것이다.

계약한 앱 수는 지속적으로 확대되고 있으며, 2017년부터 2020년 3분기까지 연평균 36% 성장률을 보이고 있다. 야플리를 도입한 기업은 초기 비용 외에 시스템 사용 및 옵션 기능 비용을 매월 지불한다.

연간 총 MRR(매월 고정적으로 발생하는 매출=월 수익) 증가율도 88% 올랐으며, 그에 따라 매출도 최근 3년간 평균 69% 성장률을 달성했다.

한편 이처럼 고객 수와 단가가 증가했음에도 해지율이 1% 미만인 것은 주목할 만하며, 해지율이 해마다 줄고 있다. 2020년 1~3분기의 해약률은 0.88%였다. 코로나 관련 사유를 제외한 해지율은 0.72%에 불과했다.

IT 인재 부족을 보완하는 일본의 SaaS 시장

일본의 디지털 전환(DX) 시장은 2030년경까지 확대될 전망이므로 만성적인 IT 인재 부족 문제에 시달리고 있다. 다음은 '국가·지역별 총인구에 대한 IT 기술자 비율'이다. (2018년)

미국	1.47%
영국	1.41%
한국	1.29%
싱가포르	1.03%
독일	1.02%
홍콩	1.01%
일본	0.86%

보면 알 수 있듯이 일본은 유독 낮은 편이다. 또한 비(非) IT 기업에서의 IT 인재 비율(2015년)을 봐도 일본은 서구에 비해 크게 뒤떨어진다.

	IT 인재	비IT 인재
서구	61%	39%
일본	28%	72%

이 수치는 일본에서 전문 IT 엔지니어를 구하기 어려운 현실을 보여준다. IT 인재 부족의 관점에서 봐도 야플리 도입은 매우 순조롭지 않을까?

야플리처럼 고객이 소프트웨어를 구매하지 않고 네트워크를 통해 소프트웨어를 계속 이용하고 비용을 지불하는 비즈니스 모델을 SaaS(Software as a Service)라고 한다.

일본의 SaaS 시장은 IT 인력 부족을 보완하는 방향으로 성장하고 있다. 미국의 SaaS 도입률이 79%(2018년)에 비해 일본은 41%로 절반에 불과하다.

그만큼 2024년 일본 SaaS 시장의 잠재력은 2019년의 18배가 될 것으로 전망된다.

다음은 실적 동향이다.

매출은 꾸준히 증가해 2020년도 매출은 23억 9,000만 엔을 달성했다. 하지만 영업이익은 −5억 9,000만 엔으로 여전히 적자를 기록했다.

2020년에도 6억 1,900만 엔의 적자를 계상했다. 이는 시장점유율을 확대하기 위해 TV 광고 등 광고에 많은 돈을 썼기 때문이다. SaaS 비즈니스가 갈수록 중요해지는 환경에서는 큰 문제가 되지 않는다고 생각한다.

야플리는 2020년 12월 22일 마더스에 상장했다. 공모가는 3,160엔으로 자금 조달액은 1,761억 엔으로 상당한 규모였다. 상장 첫날은 5,240엔에서 출발했는데, 공모가의 65% 상승한 가격이다. 꽤 비싸게 매수했다고 할 수 있다.

상장 초기 주가가 너무 높아 2021년 1월 25일 최고가 7,690엔을 기록한 뒤 하락해 3월에는 상장 당일의 종가 4,500엔을 깨고 내려가 줄곧 조정을 받고 있다. 이는 신용 거래 잔고가 많이 남아 있어서라고 생각되며 다음 결산 발표를 지켜봐야 할 필요가 있다.

플레이드 (4165) 마더스

고객이 좋은 경험을 할 수 있게 하는 것이 가장 큰 차별화

디지털 전환(DX)의 일환인 고객 경험(CX) 플랫폼인 카르테(KARTE)라는 서비스를 제공한다. 한마디로 말하자면 클라우드형 CX 플랫폼 카르테를 제공하는 정보통신업체다.

지금 이커머스에서 대단히 중요해진 것이 고객이 좋다고 느끼는 경험이라고 한다. 다음과 같은 설문조사 결과를 봐도 알 수 있다.

- 일류 기업의 82%가 사람들의 경험에 세심한 주의를 기울인다.
- 73%는 사전 구매 경험이 구매 결정에 중요한 요소라고 답했다. 즉 웹사이트를 방문해 기분 좋은 체험(하기 쉬웠다든가 호감을 느낄 수 있는 체험)이 구매 결정을 이끌어낸다.
- 미국 고객 중 65%는 뛰어난 광고보다 긍정적인 브랜드 경험이 더 영향력이 있다고 생각한다.
- 미국 고객 중 59%는 그 브랜드를 좋아해도 몇 번 나쁜 경험을 하면 구매하지 않는다.

또한 오라클의 조사에 따르면, 89%의 사람이 불만족스러운

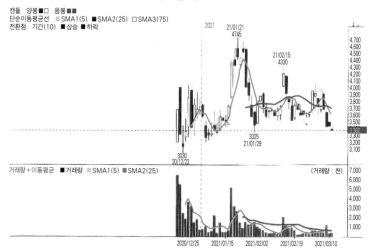

플레이드(4165/T)
일봉 2020/12/17~2021/03/11 (56개) 캔들 차트

캔들 양봉■□ 음봉■■
단순이동평균선 ■SMA1(5) ■SMA2(25) □SMA3(75)
전환점 기간(10) ■상승 ■하락

CX(고객 경험)로 인해 다른 브랜드로 전환했다고 한다.

　예를 들어 고객의 눈높이에서 생각해보면 '웹사이트가 복잡해서 내가 원하는 제품이 어디 있는지 모르겠다', '웹사이트에 등록했지만 툭하면 보내는 메시지들 때문에 머리가 아프다' 등과 같은 불만이 생기고 있다.

　반대로 마케터 측의 눈높이에서 생각하면 '실시간으로 고객이 어떤 식으로 사이트에 방문해서 행동하는지 알 수 없다. 그에 대한 영업 활동을 하기 어렵다', '웹사이트를 방문하는 고객과 소통을 하려고 해도 불가능하다' 등이 과제로 남아 있다.

　이렇게 고객의 기분을 이해하지 못한 기업은 아무리 적극적으로 영업 활동을 해도 고객에게 좋은 경험을 제공하기 어렵다는 것을 알 수 있다.

이쯤에서 '왜 고객의 좋은 경험이 필요한가'라는 화두로 돌아가자. 지금은 제품과 서비스 차별화가 곤란할 지경일 만큼 정보의 홍수 시대다.

예를 들어 잘 팔리는 사이트가 있으면 모두 그 사이트를 따라 하기 때문에 얼마 안 가 차별화가 되지 않는다.

그런 현 상황에서 고객이 더 좋다고 느끼는 서비스를 제공해야 차별화에 성공할 수 있으며, 다음 구매를 촉진한다. 그런 인식이 형성되어 있다.

마케팅에 관해 보충 설명하자면 1980년대까지는 독특하거나 이색적인 TV 광고를 내보내면 제품이 잘 팔리는 시대였다. 90년대 이후는 서비스 및 집객력의 시대로 넘어갔다. 인터넷이 보급되어 홍보 메일을 주기적으로 보내거나 보기 좋은 홈페이지를 제작해 고객이 방문하게끔 했다.

그러나 그런 방식은 이제 예전에 진부해져서 지금은 '고객에게 가치를 전하는' 방식으로 바뀌었다.

이커머스는 기본적으로는 고정 수익이 발생하는 비즈니스가 아니므로 재방문율(재구매율)을 높이는 것이 기업 경영 안정화와 확장으로 이어진다.

그 점을 보완하는 것이 카르테라는 서비스다.

전략적 파트너십을 체결한 미국 구글

카르테(KARTE)의 최대의 특징은 도입한 기업의 이커머스 사이트를 방문한 사람 1명 1명을 실시간으로 시각화하고 분석하여 원스톱으로 기업 전략을 실행하는 것이다.

온라인에 접속한 고객은 어떤 사람인가? 이름, 방문 내역, 구매 이력 등 세부 정보를 축적한다. KARTE는 고객의 행동을 실시간으로 '시각화'하여 고객이 더 놓은 경험을 할 수 있도록 다양한 방안을 도출한다.

고객이 5분 이상 같은 페이지에 머물면 KARTE가 과거 데이터와 함께 분석해 고객과 적절하게 소통할 수 있다.

예를 들어 상품 선택으로 고민하는 것 같으면, 채팅으로 고객에게 말을 걸기도 한다. '지금 고객님이 보시는 제품은 27명이 함께 보고 계십니다.' 이렇게 하면 고객의 구매 의욕을 높일 수 있고 화면에 '이 브랜드와 함께 구매하는 상품'이라며 광고를 집어넣을 수도 있다.

여러분도 경험한 적이 있을 것이다. 휴대전화를 보면 '50% 포인트 환원'이니 '초기 구매 한정 캠페인 쿠폰 선물'이니 하는 팝업 광고가 뜬다. 이것도 플레이드의 서비스 중 하나다.

카르테(KARTE)의 연간 계약 건수 추이를 보면 2020년 9월 기준에서는 710개 사가 계약을 맺어 지난 4년간 연평균 성장률 27%를 기록했다. 플레이드에 따르면 KARTE를 도입할 수 있는 웹사이트는 1만 9,100개로 도입 가능성이 96%나 된다. KARTE 는 아직 성장할 여지가 많다는 이야기다.

KARTE가 도입된 웹 사이트의 업계별 분포를 보면 역시 이커 머스가 많다. 대표적으로 조조타운, 모노타로, 부동산의 스모 등 이 있다.

플레이드의 매출 비율을 보면 구독률이 95.3%로 압도적이다. 또 2017년 이후 연평균 매출성장률은 70.3%로 호조를 보인다. 무 엇보다 주목할 점은 구글이 상장 전인 2019년부터 전략적 파트너 십으로 동사에 투자했다는 것이다.

앞서 언급한 야플리도 상장 전부터 미국 세일즈포스닷컴 (salesforce.com, inc)의 출자를 받았다.

실적 동향에 대해 살펴보면 이번 회계연도 매출은 52억 엔, 영 업이익은 적자에서 흑자 전환으로 예상된다. 이는 광고비를 대폭 절감한 효과다.

플레이드도 야플리와 마찬가지로 2020년 12월 17일에 상장했 다. 공모가는 1,600엔, 자금 조달액은 2,409억 엔으로 야플리보 다 훨씬 큰 규모였다. 상장 첫날 주가는 공모가에서 99.38% 상승 한 3,190엔으로 이 규모로는 이례적인 상승세를 보였다.

2021년 3월 1일 기준 주가는 3,590엔으로 박스권을 유지하고 있다. 박스권에서 빠져나오는 시점을 살펴보자.[33]

---

33) 플레이드의 회계결산월은 9월이다. 2020년 9월기의 실적을 보면 매출 40 억 700만 엔, −1억 7,900만 엔으로 흑자 전환하지 못했다. 2021년 3월기

크리마(CREEMA) (4017) 마더스

최대 경쟁사는 GMO페파보가 운영하는 '민네'

이 회사의 주요 사업은 '핸드메이드 마켓 플레이스 플랫폼'인 크리마(CREEMA) 운영이다.

'정말로 좋은 물건이 묻혀 버리는 일이 없는 공정하고 대규모의 새로운 경제 구역을 만들자.' 이 회사의 홈페이지에 실려 있는 기업 비전이다.

미국에서 아마존 킬러라고 불리는 EC 기업 쇼피파이가 큰 인기를 끌고 있는 가운데 일본에서도 주요 EC 기업인 야후, 라쿠텐에 대항하여 소규모 사업자나 개인이 저비용으로 쉽게 참여할 수 있는 서비스로 등장한 베이스가 2019년 상장해 매우 강한 지지를 얻고 있다. 크리마도 베이스와 비슷한 존재감을 드러내는 기업이 되지 않을까?

크리마의 주요 사업은 앞서 언급했듯이 현재 20만 명의 크리에이터로부터 1,000만 개의 제품을 수집해 스마트폰과 개인용 컴퓨터를 통해 판매하는 '핸드메이드 마켓 플레이스·Creema'를 운영

의 실적 호조를 예상하며 5,080엔까지 주가가 올랐지만, 5월 13일, 3월기의 실적발표가 날 즈음 급락해 상장 첫날 주가를 깨고 내려가 횡보하고 있다. 2020년 10~2021년 3월 6개월간의 매출은 25억 3,200만 엔, 영업이익은 1억 3,300만 엔이었다.

크리마(4017/T)
일봉 2020/11/27~2021/03/11 (70개) 캔들 차트

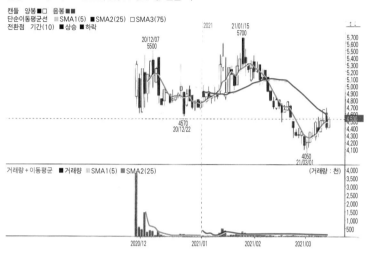

하는 것으로 매월 유통액은 13억 엔 정도다.

현재 핸드메이드 마켓 플레이스 시장의 강자는 둘이다. 크리마와 GMO그룹의 GMO페파보(3633)가 운영하는 민네(minne)다. GMO페파보는 이미 상장했다.

크리마와 민네는 업계 1위 자리를 놓고 치열한 경쟁을 벌이며 접전 양상을 보이고 있다. 유통 규모에서 크리마는 80억 엔(2020년 2~7월)이었다.

반면 민네는 75억 엔(2020년 1~6월)이었다. 어느 쪽이 업계의 주도권을 잡고 점유율을 높일 것인지 앞으로도 주목된다.

크리마의 두 번째 사업은 플랫폼 서비스다. 이것은 한마디로 광고 사업이다. 크리마의 플랫폼을 활용하여 기업 홍보 서비스를

한다. 지자체와 제휴해 해당 지방이 생산한 제품을 홍보하는 서비스를 하는 점이 흥미롭다.

세 번째 사업은 이벤트 스토어 서비스다. 이것은 코로나의 영향으로 후타코타마가와점이 2021년 1월에 폐쇄되는 등 사업 진행이 지지부진하다.

네 번째는 크리에이터들이 자신의 프로젝트를 위한 기금을 마련하는 크라우드 펀딩 서비스로 2020년 6월에 시작했다.

'집콕 생활' 수요의 수혜주

이 기업은 1월 중순 지난해 같은 기간보다 42% 증가한 3분기 실적을 발표했다. 영업이익은 작년 동기가 900만 엔 적자였지만, 이번 분기는 3억 2,400만 엔의 큰 흑자를 기록했다.

부문별로 보면 핸드메이드 마켓 플레이스 사업이 전 분기 대비 79%나 성장하는 등 여전히 강세를 보이고 있다. 광고 플랫폼 사업도 47% 상승하며 선전했다. 이벤트 스토어는 70% 감소했지만 전체적으로 매출과 수익이 크게 늘었다. 전체 유통량도 77%나 증가했다.

따라서 연간 전체 실적의 진행률을 보면 전체 매출예산이 19억 3,700만 엔에 대해 3분기 시점의 매출은 15억 2,300만 엔이므로 79%의 진척률을 보였다. 영업이익은 3분기 기준 3억 2,400만 엔으로 1년 전체의 예상치인 1억 6,200만 엔을 넘어섰다. 달성률 199%다.

하지만 앞서 언급했듯이 핸드메이드 시장 1위 자리를 놓고 민네와 경쟁하고 있으므로 4분기에 광고비를 지출할 계획이다. 따라서 4분기는 일시적으로 적자가 될 것이다.

그러나 이러한 크리마의 진척 상황은 매우 바람직하다고 생각한다. 실은 중간결산의 매출액이 10억 3,700만 엔으로 3분기가 15억 엔 조금이면, 제3분기 단기결산에서의 매출은 약 5억 엔 정도가 된다. 물론 어떤 사람들은 이 수치를 보고 제자리걸음이라고 생각할 수도 있겠다.

하지만 2020년 1분기와 2분기는 이른바 '집콕 생활' 시기여서 매출이 상당히 늘었다. 반면 3분기에는 집 밖으로 나가 활동했기 때문에 원래는 반작용으로 매출이 급감했을 수도 있었다. 그런데도 매출액이 5억 엔에 육박했다는 것은 크리마가 성장하고 있다는 증거가 아닐까?

그러니 4분기에 적자가 나는 건 신경 쓰지 않아도 된다. 오히려 미리 광고에 돈을 써서 시장점유율을 높이는 것이 회사에 필요한 일이다. 또한 4분기가 12~2월이므로 계절적인 요인으로 이커머스 매출이 쉽게 증가할 수 있으므로 상향 조정될 가능성도 있다.

2021년 1월 13일 퀵(Quick)에 미국의 핸드메이드 전자상거래 사이트인 엣시(ETSY)의 주가가 12% 상승했다는 기사가 나왔다.

코로나로 인한 '집콕 소비' 확대로 11월부터 12월까지 사이트 열람자 수가 지난해 같은 달보다 두 배 늘어나 매출 증가세를 나타냈다. 참고로 엣시는 S&P500 중 2020년에 가장 주가가 많이 오른 종목이다.

일본도 집콕 현상이 지속되고 있는 점을 감안할 때, 동종 업체인 엣시가 미국에서 급성장한 것은 향후 크리마의 성장 가능성을 점칠 수 있게 한다.

크리마의 공모가는 3,570엔, 자금 조달액(공개 규모)은 65억 7,000만 엔이었다. 상장 첫날은 4,850엔으로 공모가에서 35.8% 상승했다. 2021년 1월 21일 기준으로 5,150엔(1월 21일)이므로 상장 후 큰 오름세는 보이지 않았다. 시가총액은 311억 엔이다.

크리마는 두 가지 특징이 있다.

하나는 피델리티 투신이 8.18%의 지분을 보유하고 있다는 점이다. 상장 후 매수했다.

또 하나는 락업(보호예수)이 걸려 있다는 점이다. 락업은 신규 상장 후 대주주가 일정 기간 대상 주식을 매수하거나 매도하지 않고 지속적으로 보유하는 계약을 말한다.

구체적으로 여러 벤처캐피탈이 크리마 상장 전에 투자했으며, 크리마의 주가가 공모가 3,570엔의 1.5배인 5,355엔이 되면 락업이 풀려 매도할 수 있다.

다시 말해 시장이 락업 가격인 5,355엔을 의식하고 있어 상승이 더디다는 말이다.

차트를 보면 알 수 있듯이 상장 첫날은 주가가 상승했지만 다음 날에는 매도세가 나왔다. 그 뒤 여러 번 상승을 시도했지만 쉽게 오르지 못했다. 이 시기가 IPO 러시였던 것도 한몫했을 것이다. 앞서 다루었던 야플리와 플레이드에 비하면 화제성이 부족했다고 할 수 있다.

실은 결산 전에 기대감으로 다시 한번 상승했지만 실적 발표를 보고 실망 매물과 실적 상방 수정이 일어나지 않아서 10%가 급락했다.

그 이후에는 주가가 횡보하고 있는데 일시적이 아닌 락업 기준가인 5,355엔을 명확히 넘으면 새로운 국면이 전개되리라고 생각한다.

역시 민네와의 대결에서 크리마가 승기를 잡을 수 있는가가 최대의 관건이다.

모달리스 (4883) 마더스

예상 연결실적 하향 수정도 문제 없다

모달리스는 유전자 치료제를 개발하는 제약벤처사로 절단하지 않는 독자적 게놈편집 기술이 최대 강점으로 평가받는다.

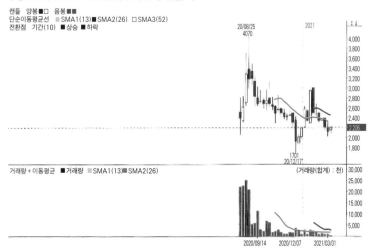

모달리스(4883/T)
주봉 2020/08/03~2021/03/08 (32개) 캔들 차트

캔들 양봉■□ 음봉■■
단순이동평균선 ■SMA1(13)■SMA2(26) □SMA3(52)
전환점 기간(10) ■상승 ■하락

거래량+이동평균 ■거래량 ■SMA1(13)■SMA2(26)   (거래량(합계) : 천)

이런 바이오벤처기업은 단도직입적으로 말하자면 매출이니 적
자니 하는 것은 별로 주가에 반영되지 않는다. 얼마나 뛰어난 기
술을 연구하는지가 주식시장에서 평가하는 핵심 요소다.

모달리스는 2020년 12월 예상 연결실적을 하향 수정했다. 2020
년도의 3, 4분기의 매출은 거의 없으며 결국 1~9월 매출이 20년
도 매출로 계상되었다. 따라서 실적은 매출 11억 엔 예상에서 3억
4,000만 엔으로, 영업이익은 3억 5,000만 엔 흑자에서 3억 9,800
만 엔 적자로 전환했다.

이 하향 수정에 충격을 받은 관계자들이 많았을 것이다. 그러
나 모달리스라는 기업의 가능성에 관해서는 전혀 변하지 않았다

고 생각한다.

하반기 매출이 없었던 것은 대형제약사와의 자사 모델 파이프라인 라이센스 계약이 금액적인 면에서 합의를 도출하지 못했기 때문이라고 한다.

일본 국내 상장 바이오벤처 제약사의 제약 플랫포머로 꼽을 수 있는 것은 소세이그룹(2020년 6월 기준 시가총액 1,301억 엔), 펩타이드림(6,276억 엔) 등이다. 모달리스의 시총은 600억 엔대다.[34]

핵산(DNA나 RNA)을 기본 골격으로 하는 핵산 의약의 성장률은 2024년까지 31.7%가 될 것으로 예상된다. 모다리스의 전문 분야인 유전자 치료는 185% 이상 성장할 것으로 보인다. 게다가 모달리스는 작년 노벨화학상을 받은 핀포인트로 게놈을 편집할 수 있는 기술 'CRISPR/Cas9'에도 관여해 앞으로도 지켜볼 가치가 있다.

현재 모달리스는 8개의 파이프라인으로 신약 개발 연구를 하고 있다. 그중 5개에 대해서는 이미 아스텔라스 제약(4503), 에자이(4523) 등의 제약사와 파트너십을 맺고 있다. 나머지 3개 자사 모델 파이프라인 중 하나인 'MDL 101'에 관한 라이선스 계약이 실패로 끝났기 때문에 앞서 언급한 대로 매출이 크게 감소했다.

다만 모달리스 측은 2021년 상반기에 라이선스 계약이 체결될

---

34) 2021년 7월 22일 기준 모달리스의 시총은 439억 7,200만 엔이다.

가능성이 크다고 밝혔다.

덧붙여 최신 8번째 자사 파이프라인이 완성되었다. 신경변성질환 적응증을 위한 'MDL-104'다. 구체적인 적응 질환명 등 자세한 내용은 특허 관계상 비공개로 되어 있다.

라이선스 계약 체결 시기에 대해서는 2021년도로 예상되지만, 나는 파이프라인 증설로 모달리스의 성장 가능성이 더욱 커졌다고 생각하고 있다.

성장 가능성이 큰 크리스퍼 분야

그런데 노벨화학상의 수상 주제가 되어 뜨거운 관심을 받고 있는 크리스퍼 분야에는 몇 개의 주요 기업이 활약하고 있을까?

일단 크리스퍼 테라퓨틱스(CRST. 나스닥 상장)는 2020년 6월 시가총액이 39억 달러였지만 불과 반년 뒤인 2021년 1월 20일 기준으로는 140억 달러로 껑충 뛰었다.

지난해 상장한 빔 테라퓨틱스(BEAM. 나스닥 상장)도 시가총액 14억 달러에서 2021년 1월 20일에는 58억 달러로 3배 이상 치솟았다. 참고로 빔 테라퓨틱스의 매출은 2019년, 20년에 0이었고 2021년 예상 매출액은 약 30만 달러다.

모달리스의 시총은 약 600억 엔대이므로 성장 여지의 얼마나 클지 짐작할 수 있다.

그러면 모달리스의 주가 흐름을 보자.

상장 첫날 2,500엔 부근에서 출발했다가 일단 조정에 들어갔다. 2020년 9월, 마더스 시장이 강세였으므로 IPO 후에는 4,000엔대까지 치솟았다. 그 후 마더스 시장은 조정에 돌입했다.

그리고 앞에서 언급한 대로 예상 연결실적 하향 수정 발표가 나자 일제히 매도세가 나왔다. 그 후 일봉 차트를 보면 하락 추세를 좀처럼 깨지 못했다. 그러나 신용 매수 잔고가 정점이었을 때에 비해 3분의 1 정도로 줄어들었다.

그 후 2021년 1월 하락세에서 벗어나 1월 25일 최고가 3,205엔을 기록했다가 조정을 받고 있다.

베이스(BASE)　　　　　(4477) 마더스

마더스 시장의 선행지표 역할을 하다

소규모 사업자를 대상으로 한 코딩이 필요 없는 이커머스 플랫폼 베이스를 운영하며 작년에 크게 성장한 회사다.

실적은 순조롭게 증가하고 있다. 2019년 12월기의 매출 38억 4,900만 엔이었는데 2020년 12월기에는 82억 8,800만 엔으로 100% 이상 늘었다. 코로나 수혜주이기도 하지만 이렇게 성장한 기업은 그리 많지 않다.

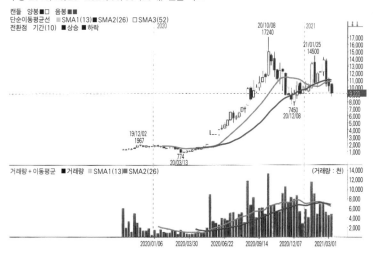

베이스(4477/T)

주봉 2019/10/25~2021/03/08 (73개) 캔들 차트

캔들 양봉■□ 음봉■■
단순이동평균선 ■SMA1(13)■SMA2(26) □SMA3(52)
전환점 기간(10) ■상승 ■하락

20/10/08
17240

21/01/25
14500

7450
20/12/08

19/12/02
1967

774
20/03/13

거래량＋이동평균 ■거래량 ■SMA1(13)■SMA2(26)　　　　　　　(거래량：천)

2020/01/06　2020/03/30　2020/06/22　2020/09/14　2020/12/07　2021/03/01

　　앞에서도 여러 번 언급했는데 원래는 몇 년 뒤에 올 급성장기
가 코로나로 인한 '집콕 수요' 때문에 '앞당겨서' 찾아온 것이다.
다음 회계연도 이후에는 이렇게 급성장하진 않겠지만 꾸준히 성
장할 것이다. 일본의 사계보에도 같은 평가를 받고 있다.

　　주봉 차트를 보면 2020년 10월 전반에는 1만 7,000만 엔대까지
상승하며 마더스 시장을 견인했다. 물론 급등한 감이 있어서 조
정을 받고 있다. 마더스 시장도 그 흐름을 따라가듯이 1주일 차
이로 조정세로 옮겨갔다.

　　마더스 시장은 오랜 기간의 침체기에서 벗어나 2020년 크게 올
랐는데 베이스가 선행지표가 되었다고 해도 과언이 아니다.

그 후 하락 추세로 접어들어 2020년 12월 전반 IPO 러시가 이어졌을 때는 매도 물량이 나왔지만 다시 한번 상승을 시도하고 있다. 마더스 시장이 아직 분명하게 바닥을 확인하지 못하는 상황에서 연초에 바닥을 잡은 것이다. 차분하게 하락 추세에서 벗어나 위를 향하고 있다.

웰스내비   (7342) 마더스

최대의 로보어드바이저 기업이다. 로봇 소프트웨어 자동운영 시스템인 웰스내비는 목표 설정에서 포트폴리오 구축, 주문, 적립, 재투자, 리밸런싱, 세금 최적화에 이르는 모든 프로세스를 자동화한다. 금융공학 기반의 자산운용 알고리즘에 따라 운용하고 있어 6~7개 종목의 ETF(상장 투자신탁)를 통해 세계 약 50개국, 1만 1,000여 종목에 투자하고 있다. 이른바 '임의 운용'이다. 일본은 예적금 비율이 52%대로 다른 나라에 비해 상당히 높은 편이지만 최근에는 2,000만 엔 문제[35]를 발단으로 NISA 계좌(비과세 계좌)가 증가하는 등, 적립 운용에 대한 이해도가 높아진 느낌이다.

---

35) 2019년 6월, 일본 금융청이 노후자금으로 국민연금 외에도 2,000만 엔(약 2억 1,600만원)이 더 필요하다는 보고서를 내놓아 공적연금에 대한 불안감이 커졌다. 이것을 '2,000만 엔 문제'라고 부른다.

현재 이용자의 30%가 투자초보자인데, 이 비율은 더 높아질 것으로 보인다.

주식투자를 기피하는 일본인은 아직도 많지만 적립 운용을 활용해서 돈을 모아야 한다는 생각으로 로봇어드바이저 시스템에 신규 가입할 가능성도 크다. 어쩌면 투자 열풍이 불지도 모른다. 수수료는 예치 자산의 1%로 알기 쉽고 고객의 자산증가가 수익이 되는 구조이므로 앞으로는 예치 자산의 증가세를 보면 된다.

웰스내비는 예치 자산이 100억 엔 증가할 때마다 그것을 발표한다. 예전에는 25~30일 만에 증가했지만 최근에는 7일 만에 3,900억 엔에 달했다는 발표가 있었다. 전기 결산을 보면 적자를 면치 못했지만 신규 고객 확보를 위한 광고비를 제외하면 흑자를 기록한 것으로 나타났다. 예치 자산이 지금과 같은 속도로 증가한다면 주가 상승을 기대할 수 있다.

산산(Sansan)　　(4443) 도쿄증권거래소 1부

주로 법인 대상 클라우드형 명함관리 서비스 산산과 SNS 시스템을 집어넣은 개인용 명함 관리앱 에이트(Eight)를 개발하여 제공한다.

주력인 산산은 명함에 기재된 정보를 데이터화하고 가시화해

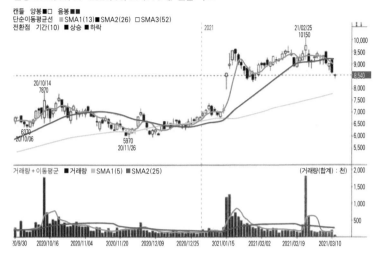

산산(4443/T)

일봉 2020/09/30~2021/03/11 (110개) 캔들 차트

캔들 양봉■□ 음봉■■
단순이동평균선 ■SMA1(13)■SMA2(26) □SMA3(52)
전환점 기간(10) ■상승 ■하락

서 공유함으로써 기업의 생산성 향상과 업무 개선을 지원하는 서비스다. 이용자는 명함을 스캔하면 산산이 정보를 데이터화하고 클라우드형 앱을 통해 명함관리 기능을 이용할 수 있다.

 에이트는 일을 하면서 교환한 명함을 관리하는 기능에 추가로 교환한 상대와 교류할 수 있는 SNS 기능을 집어넣었다. 일본에서는 SNS라고 하면 사적으로 이용하는 경우가 많은데 서구에서는 적극적으로 비즈니스 SNS를 활용하고 있으므로 앞으로의 행보가 기대된다. 현시점에서는 적자를 점차 줄여나가고 있으며 매출을 급신장시켜서 수익화에 기여하겠다는 계획이다. 그리고 현재 큰 주목을 받는 것은 클라우드 청구서 수령 서비스인 '빌원'이 호조를 보인다. 변호사닷컴과 간조부쿄 클라우드와도 제휴를 시작했다.

또 청구서를 대신 보관하는 서비스도 동시에 시작해 기업이 법정 장부를 자사에서 보관할 필요가 없어졌다. 산더미 같은 청구서를 보관하느라 힘들어했던 노동력과 시간 단축에 크게 도움을 주었다고 할 수 있다. 일본의 200만 사가 대상이 되는 방대한 시장을 개척하는 데 성공할지도 모른다.

코우칸데키루쿤　　　　　　(7695) 마더스

주거용 설비 기기(가스렌지, 식기세척기, 화장실, 급탕기 등)를 공사와 세트로 인터넷에서 판매하는 업체다. 인터넷으로 견적을 내고 주문할 수 있는 간편함과 저렴한 가격이 강점이다. 현재 재택근무가 늘고 있어 주거용 기기를 사용할 기회가 많아지고 고장도 늘어났다. 사진을 보내주면 인터넷으로 견적서부터 주문서까지 완료할 수 있으므로 비용을 절감하고 대량 구매로 저렴한 가격에 서비스를 제공할 수 있다. 상장하자 인지도도 상승했으며 인기 연예인 하카타 하나마루와 다이키치의 광고로도 유명하다.

실적도 계속 확대되고 있으며 코로나 수혜를 입은 면도 있다. 인터넷 업계에서는 점유율을 선점하는 것이 유리하다.

원래 주택 설비 업체는 인터넷 판매가 금기시되어 있었다. 그

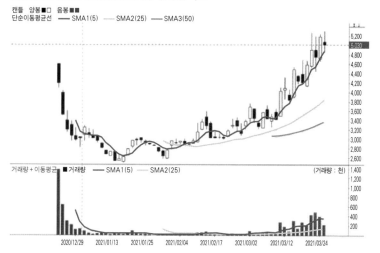

코우칸데키루쿤(7695/T)

일봉 2020/12/23~2021/03/25 (62개) 캔들 차트

캔들 양봉■□ 음봉■■
단순이동평균선 ── SMA1(5) ── SMA2(25) ── SMA3(50)

거래량 + 이동평균 ■거래량 ── SMA1(5) ── SMA2(25) (거래량 : 천)

래서 처음에는 일부 제조사들이 동사를 적대시하기도 했다. 그
러나 인터넷 통신판매가 보급되면서 인식이 바뀌고 있다. 대량
구매를 통해 저렴한 가격에 서비스를 제공할 수 있기 때문이다

이러한 주택 설비 기기의 온라인 판매는 새로운 유형의 사업이
될 수 있으며, 가능성이 없어 보였던 업종에 적용될 수 있다.

시가총액도 100억 엔 전후로 실적에 따라서는 더 성장할 여지
가 있다. 주가는 상장 직후의 전고점에 도전하고 있어 기대되는
종목이다.[36]

---

36) '코우칸데키루쿤'이란 '교환할 수 있다'에 '군(호칭)'을 붙여서 만든 사명이
    다. 2021년 3월, 전고점을 넘어 5월 12일, 7850엔 최고가를 기록하고 하락
    하여 조정에 들어갔다.

마크라인즈 　　(3901) 도쿄증권거래소 1부

　자동차 산업 전문 온라인 정보서비스가 주축을 이루며 국내외적으로 '정보 플랫폼' 사업을 한다.

　개별적으로 수집하려면 노동력과 비용이 드는 전 세계 공급업체 정보(주문, 배송, 거점 데이터, 동향 등), 생산 및 판매 통계 데이터, 기술·시장 동향 리포트, 예측을 포함한 모델 체인지 데이터 등을 독자적으로 수집하고 있다. 그래서 이를 업계 실무자 전용으로 데이타베이스화해 일·영·중 3개 국어로 제공하는 유료 회원제 정보서비스다.

　해외 신규 계약이 60~70% 비율로 성장하고 있으며 해외 매출은 47%까지 증가했다.

　그 외 B2B 프로모션 지원 서비스인 '프로모션 광고: LINES'와 컨설팅, 인재 소개, 시장 예측 데이터 판매 등을 중심으로 한 '과제 해결 서비스 : 엑스퍼트' 등 자동차 산업 포털 사이트를 운영한다.

　2021년도는 매출 31억 엔(+16.4%), 영업이익 11억 엔(+14.5%)으로 11분기 연속 사상 최대 이익을 기록할 것으로 전망되었다.

　글로벌 환경규제를 배경으로 테슬라 등 기존 자동차업체를 뛰어넘는 EV 제조사가 부상하면서 자동차 산업의 전기화 후세가 가속화되고 있다. 전기차 판매 대수와 모델 변경에 대한 관심이 커지고 있다. 나아가 컨설팅 및 벤치마킹 관련 사업에서도 전기

마크라인즈(3901/T)

월봉 2014/12~2021/03 (76개) 캔들 차트

캔들 양봉■□ 음봉■■
단순이동평균선 ── SMA1(6) ── SMA2(12) ── SMA3(24)

차에 관한 사업이 증가하고 있으므로 향후 실적 성장 가능성이 크다.

이와 함께 유럽 완성차업체(VW·BMW)와의 신규계약에 성공해 이용자 수가 적은 유럽 자동차업체 시장을 개척할 계획이다.

B2B 사업이므로 일반인들에게는 생소하지만 일본 태생의 자동차 테크기업으로 주목받고 있다.

2020년에는 정보플랫폼 월 계약 건수도 371개 사가 증가했는데, 2021년에는 1월과 2월, 2개월 만에 108개 사가 계약해 지속적으로 증가하는 추세를 보이고 있다.

다이렉트 마케팅 믹스 (7354) 도쿄증권거래소 1부

　전화 위주이지만 직접 방문과 웹 콘택트 등을 통해 영업과 마케팅 성과를 높이고 해당 업무에 축적된 노하우와 인력을 활용해 컨설턴트와 업무 수탁, 인재 파견 등으로 고객사의 영업 효율을 개선, 강화하는 서비스를 한다.

　2020년 10월 도쿄증권거래소 1부에 신규 상장했다.

　자금 흡수액이 243억 엔, 시가총액 541억 엔으로 펀드 물량이 쏟아져 나와 상장 첫날 시초가(2,600엔)가 공모가(2,700엔)보다 낮게 출발했다. 그러나 다음 요인으로 주가는 서서히 상승 기조를 타고 갔다.

다이렉트 마케팅 믹스(7354/T)
주봉 2020/10/05~2021/03/08 (23개) 캔들 차트

일반적인 콘택트 센터가 주로 문의나 문제 대응 등 인바운드 통화 형태여서 생산성을 올리기 어려운 반면, 아웃바운드 통화를 주요 수단으로 하여 업무 지원을 한다. ①성공 보수(+행정 보수)에 의한 반복적 고객 확보 ②그 결과 증가한 고객으로부터 데이터를 축적해 고부가가치화를 실현 ③성과 보수의 급여 체계로 인해 실력 있는 인재가 다수 근무해 인바운드형 콜센터와 비교가 되지 않는 업계 최고 생산성을 달성했다. 당연히 진입장벽이 높다.

주요 고객은 NTT 도코모로 성장잠재력이 큰 통신 인프라 분야에서 강점을 갖고 있다. 금융과 부동산에도 진출할 계획이다. 2020년에는 매출이 30% 증가했고 21년에도 매출과 이익이 20%

라쿠스루(4384/T)
월봉 2018/05~2021/03 (35개) 캔들 차트

증가할 것으로 예상된다.

신규 상장사로는 드물게 자사주 매입 및 배당 등의 총환원성
향 40%를 목표로 하는 점도 특징이다. 상장 시에는 인기가 없어
서 공모가 이하로 시작했지만 이후 견조한 주가 추이를 이어가고
있다.

라쿠스루   (4384) 도쿄증권거래소 1부

디지털화에 뒤처진 인쇄·운송·광고 등 전통적 산업에 인터넷
을 접목해 새로운 비즈니스 관행을 통해 생산성을 높이는 것을
목표로 한다. 마쓰모토 대표가 미국의 세계적인 경영 컨설팅업체
AT커니(A.T.Kearney)를 거쳐 2009년에 사업을 시작했다. 공유 서
비스의 대표석인 기업이다.

주력 사업인 라쿠스루는 전국의 제휴 인쇄사가 보유한 인쇄기
의 비가동 시간에 고품질 인쇄물을 저렴한 단가로 제공하는 시
스템을 개발했다. 고객 유치를 지원하는 신문 전단지·포스팅 등
광고 서비스도 제공한다. 공유경제형 배송서비스 업체인 '하코베
루'를 통해 전국의 제휴 운수업체의 비가동 시간을 효과적으로
활용해 고품질 저비용 운수 체계를 개발했다. 서비스 이용 후 이
용자가 운전자를 평가하는 시스템을 구축해 서비스 품질을 개선
하는 데 성공했다.

'노바세루'는 TV 광고 등 광고 동영상을 기획·제작·방영·분석까지 한 번에 제공한다. 광고 효과를 시각화해서 빠르게 개선함으로써 기업의 사업 성장을 지원한다.

각 사업의 시장 규모가 크기 때문에 전자상거래 확대로 이어질 수 있다. 노바세루 애널리스틱스와 하코베루 커넥트는 SaaS의 비스니스 모델이다. 2021년 2분기까지 매출 +28%, 영업이익은 과거 최고 수준을 달성했다. 코로나로 인한 긴급사태 선언이 발동했을 때도 이 기업의 실적은 견조함을 유지하고 있으며 향후 경제 회복기에 들어서도 그 수혜를 입을 것으로 전망된다.

2021년 2월기에는 디지털홀딩스사가 보유했던 주식을 전부 매각해서 기관투자자 비율이 70~80%로 상승했다. (그중 해외투자 비율은 52%)

주가는 3월에 하락 추세를 벗어나 새로운 상승 파동을 타고 갈 가능성이 크다.

코코나라　　　　　　(4176) 마더스

2021년 3월 19일, 마더스에 상장했다.

공모가 단계에서 공모매출액은 16.9억 엔, 시가총액은 257.7억 엔이다.

지식과 스킬, 경험을 상품화하여 '이커머스처럼 매매하는' 매칭

플랫폼인 '코코나라'를 운영한다.

일반적인 클라우드 소싱과 달리 제작뿐 아니라 상담 서비스도 한다. 그래서 클라우드 소싱이 비즈니스 목적으로 이용하는 경우가 많은 데 비해 개인이 사적인 용도로 이용하는 경우도 많다고 한다.

수수료는 출품자의 서비스 제공이 완료되었을 때 25%를 지불한다.

코코나라는 폭넓은 카테고리를 대상으로 매칭서비스를 제공하고 있다. 예를 들어 비즈니스(기업상담, 정량 조사, 웹 사이트 고객 확보 등)와 사적(연애 상담, 다이어트 조언, 점술, 부업 등)인 용도를 모두 다룰 수 있다.

회원 등록자 수는 184만 명(전년동기대비 37% 증가), 유통액은 62억 엔(전년동기대비 62% 증가), 유료 구매자 수가 38% 증가, 1인당 구내액도 17% 증가로 순조롭게 싱장하고 있다.

코코나라가 고성장을 하는 요인으로는 동업종 내에서는 지명도가 높고 많은 카테고리를 다루고 있어서 신규 진입장벽을 높였기 때문이다. 또 여러 카테고리가 있어서 특정한 목적으로 이용한 사용자가 다른 카테고리를 이용하는 경향이 강한 것도 꼽힌다. (회사 홈페이지 작성 매칭 서비스를 이용한 사람이 웹 사이트 고객 확보 목적으로도 이용한다. 연애 상담을 이용한 사람이 미용 효과 등으로 별도 상담을 하는 등)

일본 총무성에 따르면 '스킬 × 공유'를 이용하는 사람은 미국이 29.6%인데, 비해 일본은 3.7%로 이용률이 낮은 편이다. 부업 허가 등 미국과 동일한 조건이 갖추어지면 비약적으로 증가할 수도 있다. 상장 시의 해외배분주식수가 56%로 높은 것도 주목할 점이다. 유사 기업인 이스라엘의 세계 최대기업 파이버인터내셔널(Fiverr International ltd. (티커: fvrr))이 뉴욕증권거래소에서 높이 평가받고 있는 것도 이 기업을 주목하는 이유다.

애피어 그룹(Appier Group) (4180) 마더스

2021년 3월 30일, 마더스에 상장했다.

공모가 단계에서의 공모매출총액은 313.9억 엔, 시가총액은 1,598억 엔이다.

AI로 마케팅과 영업의 모든 영역을 지원하는 시스템을 SaaS 모델로 제공한다. (1) 기계학자와 딥러닝을 활용해 잠재 사용자를 예측한다. 구글, 페이스북, 트위터 등에 접속해 AI가 마케팅 캠페인을 실행해 최고가의 사용자를 확보하는 크로스엑스(CrossX), (2) AI 예측기능으로 사용자 유지와 관계 구축을 목적으로 하는 아이코아(AIQUA), (3) 사용자의 행동 유형을 예측해 효율적인 인센티브(쿠폰 등)를 제공해 수익을 유지하면서 매출 최대화를 달성하는 아이딜(AiDeal), (4) 고객 기업이 보유한 소비자 데이터를 효과적으로 활용하는 아이슨(AIXON), 이렇게 4단계 별로 SaaS로 제공한다.

일반적 SaaS기업은 넷 중 한 단계에 특화한 서비스를 제공하는데 애피어는 예상 고객 확보에서 구매 후 데이터 분석에 이르는 모든 분야를 커버한 서비스가 특징이며 각 서비스의 크로스셀링(Cross-selling, 관련 상품 판매 유도)이 가능하다. 고객 1명당 연간성장율은 36.6%다.

해지율은 0.82%이며, 연간 경상이익은 94억 엔이다.

원래 대만 기업으로 설립되어 명목상 본사는 도쿄이지만 그룹 통합본사 기능을 하는 싱가포르법인은 대만법인으로 존재하므로 실질적으로는 대만 기업이라고 할 수 있다.

아시아태평양지역 중심으로 15개국 지역에 거점이 있으며, 827개의 기업 그룹 서비스를 제공한다.

매출액이 큰 대만의 AI를 글로벌하게 활용한 SaaS 기업이며 엔지니어 중 70%가 석사 또는 박사학위를 취득했다. CEO는 하버드대학에서 박사학위를 취득했다.

공모 시 시가총액이 1,598억 엔으로 산산 이후 가장 큰 규모의 유니콘이다. 소프트뱅크G도 동사에 출자했다.

IPO 시의 해외배분비율은 75%로 이 기업도 해외에서 높은 평가를 받고 있다.

그러나 상장 후 일시적으로 공모가 이하로 떨어지는 등 IPO 기업으로서는 낮은 평가를 받았다. 역시 영업이익이 적자라는 점이 인기를 떨어뜨리는 요인으로 보이지만 개인적으로는 주목할 만

한 가치가 있는 기업이라고 생각한다.

에발란스(Abalance)　(3856) 도쿄증권거래소 2부

ESG·SDGs를 추진하는 신재생에너지 종합기업. 태양광, 풍력, 바이오매스, 축전지 등 신재생에너지사업을 주축으로 아시아권역의 재생에너지 기업을 목표로 한다. 베트남 태양광 패널 연결자회사인 VSUN과 연결 회계 공시를 시작했고 2021년 6월기는 매출 175억 엔 이상을 달성했다. 미국 바이든 정부로부터 대형 수주에 잇달아 성공했고 하노이시장에 상장할 계획도 갖고 있다. 2022년 이후에는 매출과 이익이 대폭 증가할 것이라고 기대된다.

스파이더플러스　(4192) 마더스

2021년 3월 30일, 마더스에 상장했다.

공모가 단계에서의 공모매출총액은 102억 엔, 시가총액은 369억 엔이다.

건설업을 주요 대상으로 한 건설도면과 현장관리 앱 스파이더플러스(SPIDERPLUS)를 개발, 판매하며 SaaS 모델로 운영한다.

건설 현장은 심각한 인력 부족에 시달리는 전형적인 산업이다.

건설업의 정보기술(IT)화라고 하면 예전에는 설계 등 사무직 업무에 한정되었었다. 다만 모바일 단말기의 발달과 인력 부족을 배경으로 요즘에는 현장까지 IT화가 급속히 침투되었다. 2014년부터 2019년까지 건설업계의 IT투자액은 3.7배 증가했다.

스파이더플러스 앱은 현장의 방대한 도면과 사진, 검사기록을 클라우드로 일괄 관리할 수 있는 서비스다. 도입 후에는 일평균 2.5시간 업무 개선을 달성한 예도 있다.

스파이더플러스를 계약한 수도 3년 만에 7배, 가고시마와 스미토모덴세츠(住友電設) 등 대형 건설사와 전기설비업체도 고객이다. 또 이 분야 점유율 1위사는 미상장기업인 앤패드(ANDPAD)라고 하며 닛케이신문에 따르면 차세대 유니콘으로 선정되었다고 한다.

그러나 도입 사례를 보면 스파이더플러스는 앞에서 언급했듯이 대형종합건설업체가 고객이고 앤패드는 중견기업이나 주택건설사가 눈에 띄므로 지금으로서는 어느 쪽이 우위인지 알 수 없는 상황이다. 영역을 세분화하여 자기 영역을 지켜나갈 가능성도 포함해 향후 시장점유율 경쟁 동향을 살펴보고 싶다.

맥비 플래닛 　　　　(7095) 마더스

인터넷 광고대리점이다. 미용업계와 금융업계가 주요 대상 고객이다. 데이터 해석 플랫폼인 '허니컴'과 웹 접객 툴 로비(Robee)를 통해 고객의 마케팅 과제를 예측하고 컨설팅한다. 그럼으로써 고객 전환율과 고객 해약률을 향상시켜 고객의 만족도를 올리고 고객 1인당 이익 확대를 이끌어낸다.

미용업계와 금융업종의 매출이 증가하고 있으며 특히 전자상거래(미용 분야)와 증권사(금융) 확대가 실적을 견인하고 있다.

3월 발표된 2021년 4기 3분기의 매출액은 전년동기대비 39.2%, 영업이익 65.7% 증가하며 고성장을 하고 있으므로 향후의 동향을 지켜보면 좋을 듯하다.

옥사이드 (6521) 마더스

2021년 4월 5일에 도쿄증권 마더스에 상장했다. 공모가 단계에서 공모매출총액은 34억 9,000만 엔, 시가총액은 126억 9,000만 엔이었다.

첨단 광학 제품을 개발, 제조, 판매하는 기업이다. 광학단결정 벤처기업이며 수정 디바이스 관련 기업을 유사 기업으로 분류되어 있지만 대부분 전기신호용이며 광학용으로는 유일한 기업이라는 점에서 주목하고 있다. 사업 매수를 통해 광학 분야에서 일괄적으로 제조와 공급이 가능해졌다.

광학 관련 제품을 반도체 웨이퍼 검사장비업체와 의료검사장비업체에 판매하며 매출의 40%가 반도체 관련이다. 대주주이자 고객인 레이저테크와의 협업이 용이해 일하기 쉽다. 레이저테크는 실적과 주가 모두 호조를 보였다. 기술력도 강하고 뛰어난 엔지니어가 다수 재적하고 있다. 또 일본 국내외 대기업에 납품한 실적이 있으므로 2021년 봄에 신규 상장한 기업 중에서는 주목도 높다.

다만 첫 상장가격은 6,540엔으로 133.5%나 상승했기 때문에 실적 대비 고평가되어있는 측면도 있다.

주가가 요동치기 쉬운 신규 상장주

지금까지 여러 종목을 소개했다.

마더스 시장은 2020년 크게 상승한 반농으로 올해 들어 주춤하고 있다. 닛케이 평균지수와 토픽스 지수는 올해 들어 상승했지만, 마더스는 2020년 10월에 고점을 찍은 후 조정 국면에 접어들었고 지금도 상승세를 타지 못한 인상을 받는다.

2021년 2월부터 신규 IPO가 시작되면서 IPO 종목의 수급이 다소 느슨해진 것도 있다. 3, 4월에도 신규 상장주가 많으므로 작년에 상장한 종목들은 계속 어려운 상황일 수도 있다.

2020년 3월부터 상장한 종목들은 우선 코로나의 수혜로 성장하는 종목이 올랐다. 그리고 경제 정상화를 의식하며 경기민감주와 가치주가 매수세를 탔다. 4월부터 경제가 정상화되면 성장할 수 있는 기업의 주식이 상승할 것이다. 일본이든 미국이든 모두 성장주에 투자하는 것이 좋다고 본다.

IPO 종목은 과거의 주가 자료가 없으므로 주가가 심하게 요동치는 경우가 많다. 상장 후 시간이 지나면서 서서히 주가 변동폭이 줄어들며 본연의 주가로 수렴된다.

정말 좋은 IPO 종목이란 상장 첫날부터 계속 상승하는 종목만이 아니다. 많은 중소형주가 첫날에 질주했다가 단기 트레이드 대상으로 끝나버린다.

정말 좋은 IPO 종목은 상장 직후에는 급등락하다가도 서서히 본격적으로 주가가 상승하는 종목이며 규모가 커도 기관투자자가 매수하는 종목이 많다. 상장 직후 주가가 하락해도 상장 직후에 산 단기 매수량이 빠져나가고 그 후 실적 발표로 성장력이 확인되면 그때 비로소 주가가 상승 추세로 바뀌는 일도 자주 있다. 쉽게 사는 것이 아니라 주가 움직임을 관찰해 나가는 것이 중요합니다. 매수 시점은 이 책에서 설명한 부분을 참고하자.

이 책 첫 장에서 아사쿠라 사장님은 나에 대해 지나치게 좋은 말씀을 했다. 그러나 나는 평범한 사람이다. 이 책도 기본적인 내용이 많고 특별한 방법은 없다.

나는 주가를 보고 주가에 따라 우직하게 내 방식을 고수했을 뿐이다. 꾸준함은 실력이 된다. 이 책을 집어 든 모든 분이 투자에 성공하길 진심으로 바란다.

언제든 일어날 수 있는 게임스톱 사태

개인투자자들의 표적이 되어 공매도를 청산해야 했던 헤지펀드 멜빈캐피털은 40억 달러 이상의 막대한 손실을 입었다. 이 회사는 1월 29일, 기자회견을 열고 '이제 공매도는 지긋지긋하다. 유망한 회사의 주식을 사서 상승하기를 기다리는 투자 스타일로 바꾸겠다'고 패배 선언을 했습니다.

게임스톱 사건을 연출하는 데 한몫한 증권사 로빈후드마켓도 상처 없는 승리를 하지는 못했다. 수수료를 전혀 받지 않는 로빈후드는 개인투자자들이 신용 거래로 게임스톱 주식을 사들일 때마다 결제기관에 엄청난 보증금을 지급해야 했기 때문에 부실 경영 논란이 불거졌다. 로빈후드는 거래 은행의 여신 한도를 일부 활용해 자금을 인출했다고 한다.

결국 로빈후드는 게임스톱 주가 폭락으로 어려움을 면했지만 그와 동시에 게임스톱 주식 거래 중단을 발표했다.

그러자 개인투자자늘은 마음대로 규직을 바꾸지 말라며 로빈후드를 상대로 집단소송을 걸었다.

이러한 미국 증시의 일부 펀더멘탈을 완전히 무시한 주가의 변동성과 그것을 둘러싼 소란으로 인해 세계 증시가 혼돈에 빠졌다.

개인투자자들은 게임스톱뿐 아니라 아메리칸항공이나 영화관 체인인 AMC 엔터테인먼트홀딩스 등에도 대량 매수 공세를 펼쳤다.

헤지펀드는 주가가 10배까지 오르면 엄청난 손실을 보기 때문에 공매도했던 주식을 다시 살 수밖에 없었다.

다시 말해 공매도 포지션을 청산한 것이다.

앞서 설명했듯이 헤지펀드는 매입과 매도 양쪽 모두에서 이익을 내려고 한다. 그런데 이번에는 판 것을 다시 사들였다. 그러면 매수한 것을 팔아야 한다. 그래서 헤지펀드는 시장 혼란 속에서 아마 우량주를 중심으로 이익을 낸 종목을 팔아야 했을 것이다.

일본 도쿄증권거래소에서는 저가주 공매도가 금지되어 있다. 예를 들어 주가 1,000엔인 종목이 900엔으로 떨어져 그것이 오늘의 저가라고 하자. 그때 일본에서는 900엔 공매도가 금지되어 있다. 주가를 의도적으로 매도 하려는 움직임이 되기 때문이다. 그래도 901엔이나 902엔처럼 지정가로 파 는 것이라면 문제가 없으며 이것은 개인투자자에게도 적용된다.

예를 들어 일본에서는 마더스 시장의 종목은 대차 종목이 아닌 것이 많 아서 개인이 공매도를 할 수 없다.

그러나 기관투자자나 헤지펀드는 마더스 시장에서도 공매도가 가능하다. 그들은 증권사로부터 주식 증서를 받아 판매한다.

그러면 향후 일본에서도 미국과 같이 로빈후더(개인투자자)들이 결속하 여 기관투자자를 이길 수 있을까?

절대 없다고는 단언할 수 없다. 인터넷이 이만큼 발달하여 인기 있는 트 위터는 수십만 명의 팔로워를 거느리고 있다. 영향력 있는 트위터가 '매수', '매도'를 언급해 주가가 움직이는 일은 일본에서도 이미 자주 있는 일이다.

풍문 유포 금지나 주가조작 금지와 같은 규정은 있지만 어느 정도 적용 할 수 있을지는 당국이 판단하기 어려운 부분이 있을 것이다.

역자 소개 | **오시연**

동국대학교 회계학과를 졸업했으며, 일본 외국어전문학교 일한통역과를 수료했다. 현재 에이전시 엔터스코리아에서 일본어 전문 번역가로 활동하고 있다.

주요 역서로는 《주린이 경제 지식》, 《주식의 신 100법칙》, 《만화로 아주 쉽게 배우는 통계학》, 《통계학 초 입문》, 《말하는 법만 바꿔도 영업의 고수가 된다》, 《무엇을 아끼고 어디에 투자할 것인가》, 《한 번 보고 바로 써먹는 경제용어 460》, 《상위 1%만 알고 있는 가상화폐와 투자의 진실》, 《거꾸로 생각하라》, 《회계의 신》, 《돈이 당신에게 말하는 것들》, 《짐 로저스의 일본에 보내는 경고》, 《로지스틱스 4.0》 등이 있다.

텐배거 입문
:인생을 역전시키는 10배 주식

1판 1쇄 발행 2021년 10월 11일

지은이 니시노 다다스
옮긴이 오시연
발행인 최봉규

발행처 지상사(청홍)
등록번호 제2017-000075호
등록일자 2002. 8. 23.
주소 서울 용산구 효창원로64길 6 일진빌딩 2층
우편번호 04317
전화번호 02)3453-6111 팩시밀리 02)3452-1440
홈페이지 www.jisangsa.co.kr
이메일 jhj-9020@hanmail.net

한국어판 출판권 ⓒ 지상사(청홍), 2021
ISBN 978-89-6502-306-7 [03320]

*잘못 만들어진 책은 구입처에서 교환해 드리며, 책값은 뒤표지에 있습니다.

주식 차트의 神신 100법칙

이시이 카츠토시 / 이정은

저자는 말한다. 이 책은 여러 책에 숟가락이나 얻으려고 쓴 책이 아니다. 사케다 신고가를 기본으로 실제 눈앞에 보이는 각 종목의 움직임과 조합을 바탕으로 언제 매매하여 이익을 얻을 것인지를 실시간 동향을 설명하며 매매전법을 통해 생각해 보고자 한다.

값 16,000원 국판(148*210) 236쪽
ISBN978-89-6502-299-2 2021/2 발행

주식의 神신 100법칙

이시이 카츠토시 / 오시연

당신은 주식 투자를 해서 좋은 성과가 나고 있는가? 서점에 가보면 '주식 투자로 1억을 벌었느니 2억을 벌었느니' 하는 책이 넘쳐나는데, 실상은 어떨까? 실력보다는 운이 좋아서 성공했으리라고 생각되는 책도 꽤 많다. 골프 경기에서 홀인원을 하고 주식 투자로 대박을 낸다.

값 15,500원 국판(148*210) 232쪽
ISBN978-89-6502-293-0 2020/9 발행

주식투자 1년차 교과서

다카하시 요시유키 / 이정미

오랫동안 투자를 해온 사람 중에는 지식이 풍부한 사람들이 있다. 그러나 아쉽게도 지식이 풍부한 것과 투자에 성공하는 것은 서로 다른 이야기다. 투자에서는 '잘 안다'와 '잘 한다' 사이에 높은 벽이 있다. 이 책에서는 '잘할' 수 있도록, 풍부한 사례를 소개하는 등 노력하고 있다.

값 15,800원 국판(148*210) 224쪽
ISBN978-89-6502-303-6 2021/5 발행

영업은 대본이 9할

가가타 히로유키 / 정지영

이 책에서 전달하는 것은 영업 교육의 전문가인 저자가 대본 영업 세미나에서 가르치고 있는 영업의 핵심, 즉 영업 대본을 작성하고 다듬는 지식이다. 대본이란 '구매 심리를 토대로 고객이 갖고 싶다고 "느끼는 마음"을 자연히 끌어내는 상담의 각본'을 말한다.

값 15,800원 국판(148*210) 237쪽
ISBN978-89-6502-295-4 2020/12 발행

영업의 神신 100법칙

하야카와 마사루 / 이지현

인생의 고난과 역경을 극복하기 위해서는 '강인함'이 반드시 필요하다. 내면에 숨겨진 '독기'와도 같은 '절대 흔들리지 않는 용맹스러운 강인함'이 있어야 비로소 질척거리지 않는 온화한 자태를 뽐낼 수 있고, '부처'와 같은 평온한 미소로 침착하게 행동하는 100법칙이다.

값 14,700원 국판(148*210) 232쪽
ISBN978-89-6502-287-9 2019/5 발행

리더의 神신 100법칙

하야카와 마사루 / 김진연

리더가 다른 우수한 팀을 맡게 되었다. 하지만 그 팀의 생산성은 틀림없이 떨어진다. 새로운 다른 문제로 고민에 휩싸일 것이 뻔하기 때문이다. 그런데 이번에는 팀 멤버를 탓하지 않고 자기 '능력이 부족해서'라며 언뜻 보기에 깨끗하게 인정하는 듯한 발언을 하는 리더도 있다.

값 15,000원 국판(148*210) 228쪽
ISBN978-89-6502-292-3 2020/8 발행

경매 교과서

설마 안정일

저자가 기초반 강의할 때 사용하는 피피티 자료랑 제본해서 나눠준 교재를 정리해서 정식 책으로 출간하게 됐다. A4 용지에 제본해서 나눠준 교재를 정식 책으로 출간해 보니 감회가 새롭다. 지난 16년간 경매를 하면서 또는 교육을 하면서 여러분에게 꼭 하고 싶었던…

값 17,000원 사륙배판(188*257) 203쪽
ISBN978-89-6502-300-5 2021/3 발행

생생 경매 성공기 2.0

안정일(설마) 김민주

이런 속담이 있죠? '12가지 재주 가진 놈이 저녁거리 간 데 없다.' 그런데 이런 속담도 있더라고요. '토끼도 세 굴을 판다.' 저는 처음부터 경매로 시작했지만, 그렇다고 지금껏 경매만 고집하지는 않습니다. 경매로 시작했다가 급매물도 잡고, 수요 예측을 해서 차액도 남기고…

값 19,500원 신국판(153*224) 404쪽
ISBN978-89-6502-291-6 2020/3 발행

설마와 함께 경매에 빠진 사람들

안정일 김민주

경기의 호황이나 불황에 상관없이 경매는 현재 시장의 시세를 반영해서 입찰가와 매매가가 결정된다. 시장이 나쁘면 그만큼 낙찰 가격도 낮아지고, 매매가도 낮아진다. 결국 경매를 통해 수익을 얻는다는 이치는 똑같아 진다. 그래서 경매를 잘하기 위해서는…

값 16,800원 신국판(153*224) 272쪽
ISBN978-89-6502-183-4 2014/10 발행

부동산 투자術

진우

자본주의 시스템이 의해 자산과 물가는 계속 오르고 있지만 상대적으로 소득은 매년 줄어들어 부익부 빈익빈 상태가 전 세계적으로 더욱 심화되고 있기 때문이다. 물론 돈과 물질적 풍요가 우리 삶의 전부가 아니며, 그것만으로 인간의 진정한 행복과 만족감…

값 16,500원 신국판(153*225) 273쪽
ISBN978-89-6502-298-5 2021/2 발행

월급쟁이 초보 주식투자 1일 3분

하야시 료 / 고바야시 마사히로 / 노경아

무엇이든 시작하지 않으면 현실을 바꿀 수 없다는 것을 깨닫고 회사 업무를 충실히 수행하면서 주식을 공부해야겠다고 결심했다. 물론 주식에 대한 지식도 경험도 전혀 없어 밑바닥에서부터 시작해야 했지만, 주식 강의를 듣고 성과를 내는 학생들도 많았으므로 좋은 자극을 받았다.

값 12,700원 사륙판(128*188) 176쪽
ISBN978-89-6502-302-9 2021/4 발행

꾸준함으로 유혹하라

유송자

단기간에 MDRT회원이 되었다. 꿈 너머 꿈이라고 했던가. 목표 넘어 목표라고 했던가. 100주 만 해보자 하고 시작했던 것이 700주를 넘겼고 1,550주를 향해 달려가고 있다. 뿐만 아니라 2008년 첫 MDRT회원이 되어 14년을 유지해 종신회원이 되었다.

값 16,000원 국판(148*210) 248쪽
ISBN978-89-6502-304-3 2021/7 발행

세상에서 가장 쉬운 통계학 입문

고지마 히로유키 / 박주영

이 책은 복잡한 공식과 기호는 하나도 사용하지 않고 사칙연산과 제곱, 루트 등 중학교 기초수학만으로 통계학의 기초를 확실히 잡아준다. 마케팅을 위한 데이터 분석, 금융상품의 리스크와 수익률 분석, 주식과 환율의 변동률 분석 등 쏟아지는 데이터…

값 12,800원 신국판(153*224) 240쪽
ISBN978-89-90994-00-4 2009/12 발행

세상에서 가장 쉬운 베이즈통계학 입문

고지마 히로유키 / 장은정

베이즈통계는 인터넷의 보급과 맞물려 비즈니스에 활용되고 있다. 인터넷에서는 고객의 구매 행동이나 검색 행동 이력이 자동으로 수집되는데, 그로부터 고객의 '타입'을 추정하려면 전통적인 통계학보다 베이즈통계를 활용하는 편이 압도적으로 뛰어나기 때문이다.

값 15,500원 신국판(153*224) 300쪽
ISBN978-89-6502-271-8 2017/4 발행

만화로 아주 쉽게 배우는 통계학

고지마 히로유키 / 오시연

비즈니스에서 통계학은 필수 항목으로 자리 잡았다. 그 배경에는 시장 동향을 과학적으로 판단하기 위해 비즈니스에 마케팅 기법을 도입한 미국 기업들이 많다. 마케팅은 소비자의 선호를 파악하는 것이 가장 중요하다. 마케터는 통계학을 이용하여 시장조사 한다.

값 15,000원 국판(148*210) 256쪽
ISBN978-89-6502-281-7 2018/2 발행

대입-편입 논술 합격 답안 작성 핵심 요령 150

김태희

시험에서 합격하는 비결은 생각 밖으로 단순하다. 못난이들의 경합에서 이기려면, 시험의 본질을 잘 알고서 그것에 맞게 올곧게 공부하는 것이다. 그러려면 평가자인 대학의 말을 귀담아들을 필요가 있다. 대학이 정부의 압력에도 불구하고 논술 시험을 고수하는 이유는….

값 22,000원 신국판(153*225) 360쪽
ISBN978-89-6502-301-2 2021/2 발행

대입-편입 논술에 꼭 나오는 핵심 개념어 110

김태희

논술시험을 뚫고 그토록 바라는 대학에 들어가기 위해서는 논술 합격의 첫 번째 관문이자 핵심 해결 과제의 하나인 올바른 '개념화'의 능력이 필요하다. 이를 위해서는 관련한 최소한의 배경지식을 습득해야 하는데, 이는 거창한 그 무엇이 아니다. 논술시험에 임했을 때…

값 27,000원 신국판(153*225) 512쪽
ISBN978-89-6502-296-1 2020/12 발행

독학 편입논술

김태희

이 책은 철저히 편입논술에 포커스를 맞췄다. 편입논술 합격을 위해 필요한 많은 것들을 꾹꾹 눌러 채워 넣었다. 전체 8장의 단원으로 구성되었지만, 굳이 순서대로 공부할 필요는 없다. 각 단원을 따로 공부하는데 불편함이 없도록, 겹겹이 그리고 자세히 설명했다.

값 45,500원 사륙배판(188*257) 528쪽
ISBN978-89-6502-282-4 2018/5 발행